Sin
pareja
a propósito

REDEFÍNELO TODO

Sin pareja a propósito

Y CONÓCETE PRIMERO

JOHN KIM

HarperCollins *Español*

Los libros de HarperCollins Español pueden ser adquiridos para propósitos educativos, empresariales o promocionales. Para más información, envíe un correo electrónico a SPsales@ harpercollins.com.

Título original: *Single On Purpose*

Publicado en inglés por HarperOne en 2021

COPYRIGHT DE LA TRADUCCIÓN DE HARPERCOLLINS PUBLISHERS

PRIMERA EDICIÓN

TRADUCCIÓN: PATRICIA LLUBERAS RUBIO

Este libro ha sido debidamente catalogado en la Biblioteca del Congreso de los Estados Unidos.

ISBN 978-0-06-306804-9

22 23 24 25 26   LSC   10 9 8 7 6 5 4 3 2 1

ADVERTENCIA

Este libro no va en contra el amor romántico;
va sobre el amor hacia ti mismo.

CONTENIDO

SEGUNDO ACTO:
Los restos de una relación
(Pasar página)

TERCER ACTO:
El nuevo «tú»

A veces, tienes que estar solo para demostrarte a ti mismo y a los demás que puedes seguir de pie.

—ANÓNIMO

Introducción

He estado soltero unas cuantas veces. Muchas veces. Y sí, la soledad me ha golpeado, y también esa sensación de rechazo; de no sentirme deseado. También he intentado lo de «estar casado conmigo mismo» muchas veces... y qué quieren que les diga: es una mierda. La realidad es que los seres humanos no nacimos para estar solos. Necesitamos que nos quieran; y no es malo, porque estamos programados biológicamente para ello. Lo que no está bien es abandonarnos a nosotros mismos cuando no tenemos a otro que nos quiera. O dejar de ser nosotros mismos por la persona que hemos escogido.

Estar solo no ha sido fácil, pero lo cierto es que cuando he estado en pareja también me he abandonado a mí mismo. Saltaba de una relación a otra demasiado pronto. Nada más romper, volvía al ruedo para encontrar a otra persona en la que perderme. Y todo porque no quería estar solo; porque no quería comer sin compañía; porque el sexo me gustaba demasiado. También porque, en el fondo, necesitaba demostrarme a mí mismo que aún merecía ser deseado, amado;

quería sentirme valioso y eso no te lo da un viernes por la noche en casa, a solas con tus sentimientos.

A veces, por pura desesperación, me he puesto en contacto con mis ex y después me he arrepentido. Cuántas veces me habré preguntado si he dejado escapar a esa persona «única». He llegado a sentirme tan solo que hasta he dejado de asearme y me he tirado varios días en pijama. Lo he probado todo: estar con mujeres de las que no estaba enamorado; amar a otras que me rechazaban; intentar ser alguien que no era para estar con otra persona. He acabado forzando las cosas con tal de que funcionaran. Y por supuesto, he comido demasiado helado de una sentada.

Pero en el fondo sabía que tenía que estar soltero. Soltero a propósito. Llevo enlazando una relación con otra desde los veintidós años y sabía que, para tener una relación sana y auténtica con otra persona, lo primero que tenía que hacer era estar bien conmigo mismo. Sabía que antes tenía que procesar todo lo malo acumulado y romper con ciertos patrones. Tenía que encontrarme a mí mismo y no depender de nadie más. Y centrarme en otros aspectos de mi vida, no sólo en el amor. **Y es que la vida es mucho más que estar con otras personas**. A lo mejor ahora no lo ves, pero, créeme, así es.

Todo esto lo aprendí tras mi divorcio, cuando por fin me vi obligado a centrarme en mí y sin el apoyo de *nadie más* que yo mismo. El divorcio hizo que me replanteara toda mi vida y analizar lo que estaba haciendo y por qué. Aunque doloroso, ha sido lo mejor que me ha pasado, porque fue como el primer paso para volver a conectar conmigo mismo. Emprendí el camino de la soltería y, por primera vez en mi vida, escogí estar solo.

La verdad es que al principio todo fue una puta mierda. Muy deprimente. Ya no tenía a quién besar ni abrazar, ni a nadie con quien hacer el amor y ver series en los días de lluvia. Se acabaron los masajes de pies. ¿Y el fin de semana, qué? ¿Con quién disfrutaría del placer de no hacer nada? Porque no hacer nada solo no es lo mismo. No hacer nada con alguien significa que has encontrado el amor; si pasas las horas sin hacer nada solo, significa que eres un fracasado. Mierda, ahora no tenía con quién discutir sobre dónde ir a tomar algo. Sentí que mi vida ya no tenía sentido.

Tras el pánico inicial, éstas eran las cosas a las que no dejaba de dar vueltas. Pero tenía que convencerme de que era yo el que había elegido esto, que esa decisión no era lo normal en mí, pero que de todo aquello iba a salir algo bueno. Así es como rompí el círculo vicioso, no sólo por mí, sino por todos los clientes a los que podría ayudar después. Eso fue lo que me puso las pilas de verdad. Y fue muy duro, las cosas como son. Como cuando dejas de fumar o de beber. Cada día es una pequeña victoria, como te cuentan en terapia. Poco a poco, todo fue haciéndose más llevadero y mi actitud también cambió. Empecé a regenerarme desde el interior.

A medida que comencé a trabajar en mi parte interna (hablaré de eso más adelante), la externa se me hizo más fácil y casi hasta imposible de ignorar. Cuando nuestro interior cambia, nuestro exterior también lo refleja de forma natural. Es como cuando te das cuenta de que ya no puedes comerte una caja de galletas de las grandes entera, como cuando tenías veintitantos. Ahora algo ha cambiado en tu interior, sabes cuándo parar de comer y eres consciente de cuando estás lleno. Pues algo así me pasó en ese momento y decidí escribir sobre ello. Comencé un blog bajo el título *The Angry Therapist* (El terapeuta enojado) y me mostré al mundo tal y como era por primera vez en mi vida. Se acabaron los guiones ficticios para venderle la moto a la gente. Empecé a contar mi verdad. En poco tiempo, comenzaron a seguirme varias personas, a las que después asesoré por correo electrónico y, posteriormente, en sesiones de Skype. Al final acabé con una consulta llena de gente que buscaba el consejo de alguien que no les contara el mismo cuento de siempre y con la que se sintieran identificados. Resulta paradójico, pero el mayor fracaso sentimental de mi vida acabó llevándome a aconsejar a otros sobre sus relaciones sentimentales; eso fue precisamente lo que los hizo acudir a mí.

Este libro nació de mi experiencia durante los últimos diez años, en los que orienté a miles de personas que acabaron deprimidas por no tener pareja. A muchas les iba muy bien en el trabajo y tenían buenos amigos, pero se sentían fracasadas porque no tenían a quién dar un beso de buenos días ni con quién compartir las noches de los viernes. Tenían la idea preconcebida de que no estar en pareja los hacía peores. La mayoría sólo había tenido relaciones tóxicas, desequilibradas o que eran una auténtica mierda, pero aun así para ellas estar solas era peor. Después, se dieron cuenta de que no estaban bien y acudieron a mí para dar con el problema. Muchas tenían más de treinta y cuarenta años, y sentían que el tiempo se les acababa. Como si se les escurriera de entre los dedos, perdiendo así toda esperanza.

Una sesión típica

EN LA CAFETERÍA, A PRIMERA HORA DE LA MAÑANA

John está concentrado en su computadora portátil cuando una mujer de treinta y pocos años se planta justo delante de él.

JOHN
Hola.

CHRISTY
Hola.

CHRISTY (*no espera a sentarse*)
Le conté a mi novio que me había fijado en otra persona y cortó conmigo.

JOHN
Vaya, lo siento mucho (*cierra su computadora portátil y se prepara para la sesión*).

CHRISTY
Mi amigo Dion y yo trabajamos juntos en un proyecto. Y noto una tensión sexual entre nosotros increíble. Antes de que preguntes... no, no es bueno para mí. Lo sé. Pero no puedo dejar de pensar en él.

JOHN

¿Le has contado todo esto a tu novio?

CHRISTY

Dirás a mi ex, al menos técnicamente desde ayer. Sí, lo hice en un retiro en Joshua Tree. Había consumido hongos alucinógenos, pero fue como ver la luz. Me di cuenta de que sólo estaba con él por estar. Nunca me ha atraído físicamente y no es justo para él.

JOHN

Bueno, vamos a parar aquí y luego volvemos a esa parte. Cuéntame primero qué otras relaciones has tenido antes. ¿Quieres un café?

CHRISTY

No, gracias. Perdí mi virginidad cuando tenía catorce años, pero no tengo un recuerdo muy claro del momento. *(Algunos de los clientes los miran de reojo desde sus mesas, pero John ya está acostumbrado. Siempre hace sus sesiones aquí. Su clienta no parece reparar en ello o importarle).*

CHRISTY

Estuve nueve años con una persona que me maltrataba verbalmente. Después, tuve otra relación que acabó siendo un infierno, bueno, no al principio, pero ya me entiendes...

JOHN

¿Has tenido alguna relación sana?

CHRISTY

No, salvo la última, y la acabo de arruinar.

JOHN

O sea, que esta última relación se ha acabado. Era sana, pero él no te atraía sexualmente. Y la persona que sí te atrae sexualmente es tóxica y mala para ti... y lo sabes.

CHRISTY

Sí, ¿con quién debería quedarme?

JOHN

Contigo misma.

CHRISTY

¿Perdón?

JOHN

¿Por qué te obligas a escoger entre esas dos opciones?

CHRISTY

Porque son las únicas que tengo ahora mismo.

JOHN

Pues yo creo que necesitas estar sin pareja (*redoble de tambores*). A propósito. (*Christy parece quedarse en shock*).

Y así cientos de sesiones, todas con distintas historias personales, pero iguales, al fin y al cabo. Por eso escribí este libro. No sabemos estar solos; la mayoría de la gente nunca lo llega a intentar.

Ha llegado la hora de darle un nuevo enfoque a la idea de estar sin pareja y de aplicar lo que aprendí cuando por fin me decidí a estar solo:

La tierra más fértil la cultivamos cuando estamos solteros

Cuando estamos en pareja, no tenemos ganas de abrir la caja de Pandora y analizar lo que ocurrió en nuestras antiguas relaciones. Ahora estamos con otra persona, fuera de peligro. Hemos pasado página y el capítulo anterior está cerrado. Por eso, es poco probable que procesemos la parte que nos tocaba del fracaso de esa relación, que nos hagamos responsables de ella y que aprendamos, crezcamos y nos convirtamos en una versión mejorada de nosotros mismos, sobre todo si nos hemos metido de lleno en una relación justo después de salir de otra, algo que hacemos casi todos.

Es por eso que la tierra más fértil la cultivamos durante los períodos entre una relación y otra. Tenemos poco tiempo para trabajar en nosotros mismos y en nuestra vida antes de conocer a otra persona. Por supuesto, eso no significa que no podamos crecer mientras estamos en pareja (algo de lo que también hablo más adelante en este libro), pero seamos sinceros: cuando estamos en una relación, todos nuestros esfuerzos van a parar a lo que construimos en común con otra persona y sólo nos vemos como una parte de un todo distinto de nosotros. Por eso, es tan importante aprovechar el tiempo en el que no estamos con nadie. En lugar de pasarnos la vida buscando a nuestra media naranja, deberíamos buscarnos a nosotros mismos. Fijarnos en nuestros propios patrones de comportamiento, descubrir quiénes somos, lo que nos gusta y por qué, nuestros sueños, la huella que queremos dejar en este mundo. En definitiva: necesitamos profundizar en la relación que tenemos con la persona que tenemos frente al espejo. **Primero, tenemos que aprender a estar con nosotros mismos.**

He escrito este libro con el propósito de guiarte en el comienzo de ese proceso. El de darte a conocer tu «yo» interior. Y seguro que para muchos de ustedes será la primera vez.

Primero, tenemos que desmontar uno de los mitos más extendidos en esta sociedad: la idea de que no puedes ser feliz si no estás con alguien. He orientado a miles de personas solteras a lo largo de estos años, y cuando acudían a mí, todas y cada una de ellas pensaban que no serían felices salvo que encontraran pareja; salvo que se casaran; salvo que tuvieran a alguien esperándolos en casa. Para ellas, no tener pareja significaba estar incompleto o defectuoso, ser «peor». Creían que tenían algo malo.

En realidad, no hace falta tener una relación sentimental para ser feliz. Está claro que tener pareja puede hacerte feliz. Y no hay nada malo en querer tenerla, todos somos humanos, pero una relación no te garantiza la felicidad y no es la única forma de encontrar la alegría en tu vida. Querer a otra persona no es una garantía de felicidad, pero nos han programado para que pensemos que sí: películas, anuncios, la sociedad, las redes sociales y los viejos esquemas.

El mundo lleva lavándote el cerebro sin que te des cuenta desde que te dieron tu primera Barbie, a la que se unió rápidamente un Ken para completar el decorado. Pero Barbie nunca ha necesitado a Ken. Lo único que necesitaba era un Vette descapotable. Era el mundo el que le decía que necesitaba una casa y un hombre (y por si fuera poco, a Ken nunca se le asignó un trabajo o una personalidad, ni le preguntaron si lo que le gustaban eran las mujeres).

Ha llegado el momento de empoderarse sin pareja y de allanar el camino para planes de vida distintos y mejores que nos ayuden a encontrar la felicidad; ha llegado el momento de desterrar las viejas ideas preconcebidas y aplastar ese reloj interno tan ruidoso. Es hora de eliminar los «debería» de nuestro vocabulario; de destrozar el cuadro de Norman Rockwell y agujerearlo para darle a la «soltería» ese maldito título de salvadora que tanto se merece.

Este libro es para...

Cualquiera que se infravalore o se crea defectuoso porque no ha encontrado a «la persona» o a su «amor verdadero». Cualquiera que esté cansado de mirar perfiles en aplicaciones de citas, de que lo engañen con perfiles falsos, del ghosting. Aquellos que estén hartos de fotos de penes, hipocresías y relaciones sexuales esporádicas. Cualquiera que se pregunte si aún está a tiempo de tener hijos. Cualquiera que haya perdido la esperanza o se sienta solo o frustrado y no sepa qué hacer para cambiarlo.

Este libro también es para quien tiene una relación, pero cuya dinámica ha cambiado. Se han distanciado. Sus caminos se han separado. Estar «enamorado» se ha convertido en estar «perdido» y ya no se reconocen el uno al otro. Se hacen muchos reproches, las relaciones sexuales son planeadas o inexistentes y han perdido el contacto con las personas que eran cuando se conocieron. Y sí: puede que tengas quejas justificadas, pero poco a poco te vas dando cuenta de que no tiene que ver con tu pareja. No se trata de cambiar a nadie ni de «arreglar» la relación. Ya no te queda energía para eso. Ahora te toca estar contigo mismo.

Porque resulta que **la soltería no sólo es estar sin pareja. También se trata de ser una persona completa.** Sí, incluso cuando tienes una relación. De hecho, especialmente cuando tienes una relación. La soltería consiste en no definirse según esa relación ni depender de ella. Se trata de tener una relación sana contigo mismo primero. Lo malo es que muchos de nosotros nos perdemos en nuestras relaciones. Nos convertimos en una pequeña parte de un todo y nos dejamos consumir por algo más grande: la relación con nuestra pareja. O bien empezamos relaciones ya rotos, esperando que la relación o nuestra pareja nos recomponga. Y todos sabemos cómo termina eso.

Una relación sana es aquella en la que se unen dos personas completas y ambas hacen su vida *con* la otra, no *en función* o *según* lo que hace la otra. Para conseguirlo, primero necesitamos tener una relación sana con nosotros mismos, pero ¿hay alguien que nos enseñe a hacerlo en la vida?

En las escuelas no hay nada que hable de marcar límites o de ser independientes y conocernos a nosotros mismos. Y apuesto lo que quieras a que a la mayoría de la gente no le sale naturalmente. Los seres humanos no nacen con un manual de instrucciones, así que nunca aprendemos a cuidar, conectar y construir una relación sana con nosotros mismos. Sabemos qué acondicionador nos funciona mejor en el pelo. Sabemos qué alimentos nos sientan mal. Sabemos cómo cuidar de los demás. Pero no sabemos cómo nutrir nuestra alma. No sabemos cómo dibujar nuestros límites con rotulador permanente en lugar de una efímera tiza. No sabemos cómo regenerarnos. No sabemos cómo acabar con nuestras distorsiones cognitivas. No sabemos cómo desligar lo que *somos* de lo que *hacemos*. No sabemos cómo amarnos de verdad. No hablo leerse todos los libros de autoayuda del mundo, sino de una manera profundamente sincera y duradera que nos cambie desde dentro hacia fuera; de una forma que nos haga comprender y aceptar nuestra propia historia. Que nos haga saber quiénes somos y cuál es nuestro valor.

Y, por último, este libro es para cualquier persona que nunca haya estado soltera. Y cuando digo nunca, es nunca. Has estado en pareja casi desde la secundaria, saltando de una liana a otra y repitiendo los mismos patrones disfuncionales una y otra vez. Lo único que han cambiado son las caras de con quien estás. Todos tus amigos te dicen que «necesitas estar solo», a lo que tú respondes: «¡No sé cómo!». Creen que dices puras pendejadas, pero la verdad es que sólo tienes miedo. No estás cómodo contigo mismo y te resulta mucho más fácil esconderte en otra persona. Pero esconderte en una relación o en otra persona te limita a la hora de evolucionar y desarrollar todo tu potencial como ser humano. Y lo sabes. Sabes que necesitas trabajar en esa relación contigo mismo, pero no sabes cómo. Necesitas un manual de instrucciones.

De enojado a publicado

Cuando comencé a escribir en mi blog *The Angry Therapist*, no esperaba que nadie fuera a leerme. La verdad es que estaba más solo que la una y solo buscaba algo para matar el tiempo. Necesitaba evadirme de mí mismo y de la soledad que sentía. Estaba pasando una mala racha y no quería hacerle frente, así que pensé que volcar toda mi energía en una página en blanco del ordenador me ayudaría. Resulta que, al final, eso me ayudó a reconectar conmigo mismo. A medida que documentaba mis vivencias y mi cambio de vida en el blog, comencé a darme cuenta de muchas cosas. Por primera vez en mi vida, sentí algo. No sólo sobre mí mismo y por lo que estaba pasando en ese momento, sino también sobre la posibilidad de que mi historia pudiera ayudar a otros, y de cómo ciertos recursos —como un blog o Internet en general— pueden usarse como algo terapéutico. Con *The Angry Therapist* no sólo encontré una forma de expresarme: por primera vez en mi vida, también encontré un propósito. Por entonces aún no lo sabía, pero no estaba enfadado solamente porque me doliera lo ocurrido. Estaba enfadado porque me había dado cuenta de que el sistema sanitario, la manera en que ayudamos y nos convertirnos en quienes ayudan, estaba roto.

Encontré mi verdadera vocación y me volqué en ella sin pensarlo dos veces. Empecé a orientar a gente de todas partes del mundo a través de videollamadas, en cafeterías y llevándolas a hacer caminatas. Comencé una formación de *life coaching* intensiva en mi cocina y en pijama e impartí todas las clases sin tener idea de lo que estaba haciendo. Lo único que sabía era que de seguro debía haber otra manera de ayudar a la gente a que ayudara a los demás, que no implicara alimentarse a base de fideos instantáneos durante seis años para poder pagar los préstamos estudiantiles y después acabar trabajando quemado y siempre con el agua hasta el cuello. Y esa revelación me llevó a crear un nuevo enfoque terapéutico intensivo bautizado como *JRNI coaching*, que ahora utilizan en sus consultas más de mil terapeutas certificados. Toda esa energía desembocó en mi primer libro, y después en otro. Y ahora heme aquí con *Sin pareja a propósito*, el tercero. Todo lo anterior es para decirte que, si reúnes el valor necesario para trabajar en ti mismo en lugar de centrarte únicamente en otra persona de la que te quieres enamorar, el universo hará el resto para que tu esfuerzo se convierta en una historia de éxito. Será entonces cuando puedas conocer a alguien que te merezca y aportar mucho más a la relación, como una persona completa con un propósito vital claro. O, si ya estás con alguien, le darás más sentido y valor a tu propia persona y no le pedirás a tu pareja que te lo dé. Su relación será más equilibrada, sana y duradera.

Como todo lo que escribo, este libro también está hecho para *acompañarte*, no *abrumarte*. Lo que quiero es que te resulte práctico y cercano. La autoayuda no tiene por qué ser complicada. Lo mejor es que venga de una experiencia vivida y real, también con sus errores estrepitosos. Eso es lo que quiero que te lleves de mi libro: las historias de mis clientes, lo que he aprendido de ellos y, sobre todo, mi propia aventura hacia el autoconocimiento. Considera este libro como mi *Come, reza, ama* particular, sólo que, en lugar de viajar por todo el mundo y visitar lugares lejanos, probar platos espectaculares, tener historias de amor efímeras y apasionadas y rezar a Dios en templos antiguos, yo me tatué, redescubrí Los Ángeles con mi motocicleta y me zampé un montón de donas. También me refugié en el gimnasio, lloré y escribí en el blog. Hice un viaje interior y volví de él cambiado. La realidad es que mucha gente no puede abandonar su rutina diaria y recorrerse el mundo cuando les llega el momento de reinventarse. Siguen teniendo que apagar la alarma por las mañanas, ir al trabajo y cuidar de otras personas, pero eso no significa que no puedan reconstruirse a sí mismos. También pueden crecer, evolucionar y cambiar. Así es como lo hice yo.

No sólo soy un terapeuta que ha ayudado a miles de personas a reescribir su propia historia. También soy un romántico empedernido que buscaba aprobación y validación, y que estaba con mujeres para intentar llenar un vacío interior. No tenía un dólar, sólo un blog y una cámara web. Tenía un gran problema de codependencia y de apego malsano.

Alguien que estuvo expuesto a imágenes sexuales a una edad temprana y que tenía (y aún tiene) problemas de intimidad reales. Consumía el amor como una droga. Vivía siempre en mi mundo, totalmente desconectado de mi cuerpo, y no tenía ningún sentido de propósito o de autoconsciencia. Lo que quiero decir es que tengo una historia complicada, igual que tú. He pasado por algunos momentos de mierda, igual que tú. Y no he llegado al final del camino. Porque no lo hay. Tu viaje nunca termina, sólo cambia a medida que tú cambias. Pero el viaje sólo se produce si decides emprenderlo. Es una clara llamada a la acción. Si decides no embarcarte en ese viaje, siempre vivirás anclado en el pasado. Seguirás sin voz. Enfadado. Miserable. Incompleto.

Si decides acudir a tu propia llamada (todo lo que ha pasado para que estés aquí y ahora, leyendo este libro), la relación que tienes contigo mismo se fortalecerá y podrás tomar las riendas de tu propia vida. Evolucionarás y comenzarás a vivir en consonancia con tu propia verdad y potencial. Tu perspectiva cambiará por completo y te pasarán grandes cosas. Cosas que tu antigua perspectiva no te dejaba ver.

No vas a encontrar a alguien gracias a este libro. Pero prometo que serás mejor persona si lo haces y cuando lo hagas. Porque este libro no trata de encontrar pareja. Sino de encontrarte a ti mismo.

PRIMER ACTO

El «yo»

(Conectar de nuevo contigo mismo)

Hay más adultos solteros viviendo, trabajando y, sí, aún respirando, en los Estados Unidos que nunca antes en la historia. En 2017, el censo de Estados Unidos publicó que había 110,6 millones de personas solteras mayores de 18 años —es decir, el 45,2% de la población adulta estadounidense— que vivían sus vidas en el marco de una nueva serie de normas sociales. ¿Están los estadounidenses solteros condenados o el futuro les sonríe?

—BELLA DEPAULO, socióloga y autora de *Solteros señalados: cómo son estereotipados, estigmatizados e ignorados y aún son felices*

Cómo encarar la soledad

La soledad se vuelve muy real cuando estamos sin pareja. Por eso voy a empezar este libro por ahí, porque la mayoría de nosotros la hemos experimentado en algún momento. Lo sé porque yo también la he vivido. Muchas veces. Olvídate del himno empoderador de «solo me necesito a mí mismo en este momento». Aunque no es erróneo, tenemos que recorrer un largo camino para llegar a ese momento. Formular esas palabras sin emprender ese viaje no nos empoderará automáticamente; será una simple promesa vacía hacia un falso estandarte.

Te diré por qué te sientes solo: porque lo que te da una pareja íntima no puedes tenerlo con nadie más. Porque esas conversaciones después del trabajo y desayunar tortitas juntos los sábados hacen que el mundo sea un poco mejor. Porque hacer la cucharita te ayuda a dormir como un bebé. Porque los besos con lengua son jodidamente maravillosos. Porque poder mirar a una persona a los ojos durante más de tres segundos te recuerda que no estamos hechos para vivir solos. Porque tener tus emociones al desnudo te hace sentir vivo. Porque no puedes contarle a diario a tus amigos qué tal te ha ido el día... o te quedarás sin amigos. Porque hemos nacido para dar y compartir, para perdernos y encontrarnos a través de otra persona... y para amar apasionadamente. Porque pedir comida a domicilio para dos siempre es mejor.

Te sientes solo porque quieres todas esas cosas y no has encontrado a alguien con quien vivirlas. Y no pasa nada, no hace falta que evites ese sentimiento y te obligues a embarcarte en un viaje a lo *Come, reza, ama* para corregir tu estado emocional. Bueno, salvo que creas que lo necesitas, pero mucha gente (y cuando digo mucha, me refiero a la mayoría) se siente sola porque no encuentra a alguien a quien amar. Así de simple. Olvídate de los prejuicios y de las etiquetas. Si no has dormido bien, vas a estar cansado. Si no has amado a nadie desde hace tiempo, seguro que echas mucho de menos esa experiencia y te sientes solo.

Pero existe una diferencia entre «sentirse» y «estar» solo. Lo primero es una experiencia, una emoción que va y viene; lo segundo es una identidad estrechamente ligada a lo que crees que vales. En lugar de identificar la emoción y aceptarla, le has atribuido un significado. *Estás* solo. Como te sientes solo, crees que hay algo malo en ti. Porque estás mayor, demasiado gordo o quién sabe. Pero resulta que no es tu culpa: te han programado para pensar así. ¿Cuántas series o películas has visto en las que el o la protagonista sea feliz aunque *no* encuentre el amor? ¿Cuántos *no* consiguen a la chica? ¿Y cuántas no encuentra *nunca* al «hombre de su vida»? La soledad es un obstáculo que hay que superar. Sólo cuando hayas conquistado esa montaña podrás ser feliz.

Seguro que entiendes el origen de ese sentimiento, pero entenderlo no quita que lo sientas de una forma real y constante. No es algo temporal, como el hambre o la excitación. Es un estado continuo que te puede desanimar mucho y hacerte preguntar si *volverás a encontrar el amor*. No voy a intentar razonarlo contigo, porque tú sientes lo que sientes y esa mierda es real. Lo sé porque yo también la he sentido. Cuando nos sentimos solos durante una buena temporada, empezamos a pensar que nadie quiere estar con nosotros; que siempre estaremos solos. A mí me pasó. La soledad se convierte en desesperanza y se convierte en un doble golpe.

Pero sentirse solo no es igual que tener los ojos marrones o los pies pequeños. Es hora de reevaluar la situación. Tienes que desterrar tus antiguas creencias y dejar de asumir que *sentirse* solo es lo mismo que *estar* solo.

Primero, deja de lamentarte por ese sentimiento de soledad. Deja de alimentar al monstruo. Deja de preguntarte si alguna vez encontrarás al amor de tus sueños. Quizá no lo encuentres, pero si eso pone tu mundo patas arriba, significa que lo último que necesitas ahora mismo es tener pareja, porque lo único que hará esa desesperación es envenenar cualquier relación sentimental que tengas. Hagamos frente a tu miedo, ahora mismo y mirándolo a la cara. Respira profundamente y hazte la siguiente pregunta, de ser posible varias veces: **¿y si nunca más encuentras pareja?**

¿Se te ha parado el corazón? Quizá se detuvo un segundo pero, más allá de lo que hayas sentido, sigues vivo. Mira, no te voy a decir que jamás encontrarás el amor. Lo que quiero que entiendas es que hacerte esa pregunta en bucle es como llevar un nubarrón negro contigo encima y es lo que está impidiéndote exprimir la vida al máximo. Ese enorme «Qué pasaría si...» que sigues preguntándote te está impidiendo vivir de verdad. En su lugar, estás esperando que te ocurra algo, y esa espera sólo te hace sentir más soledad. Pero en realidad no es la soledad a la que estás haciendo frente. En el fondo, es la profunda convicción de que *siempre* estarás solo. Es la desesperanza. Y eso es lo que te paraliza. Para encender las luces y deshacerte de esta oscura sombra debes plantarle cara a esa convicción. ¿Cómo? Aceptándola. Aceptándola del todo.

La aceptación radical es la práctica de aceptar la vida en los términos que ésta nos ofrece y no resistirse a lo que no se puede cambiar. La aceptación radical consiste en decir «sí» a la vida, tal y como es.

En este caso, aceptar el estar sin pareja. Lo cual no significa que renuncies al amor. No significa negar tus deseos. Y, desde luego, no significa retirarse del mercado, borrar todas las aplicaciones de citas y quedarse en casa todas las noches. En realidad, significa todo lo contrario: salir y vivir. Deja de esperar, de desear y de tener miedo.

Sin embargo, antes de poder hacerlo, debes aceptar la posibilidad de que tal vez nunca encuentres a tu media naranja.

Repito, eso no significa que no vayas a encontrarla. La aceptación sólo implica que, si no encuentras a esa persona elegida, el mundo no se acaba. Ni el cielo se te va a caer encima. Seguirás construyendo una vida maravillosa y con sentido. He ayudado a muchos clientes a construir una vida increíble sin pareja. Clientes que vinieron a verme porque se sentían incompletos e inferiores a otras personas porque no habían encontrado el amor. Personas que empezaron a moverse en el juego de la vida de la casilla «nosotros» a la del «yo» y empezaron a apostar por ellos mismos. Lograron muchas cosas, como montar un negocio, ponerse en forma y hacer grandes amistades. En definitiva: construyeron una vida más feliz. Comieron en nuevos restaurantes, retomaron la pintura, se apuntaron a clases de baile. Se aficionaron al *fitness*, aprendieron a montar en moto o a hablar un segundo idioma. Escalaron rocas, viajaron y dejaron trabajos a los que detestaban ir. Desarrollaron nuevas pasiones e hicieron lo que quisieron. Encontraron la libertad y la comodidad en su propio ser y se dieron cuenta de que, sí, puedes querer una pareja, pero la vida no tiene por qué detenerse porque no la tengas.

Cuanto más aceptes esta verdad, antes dejarás de asociar el estar sin pareja a una sensación de menor valía, menos te repetirás a ti mismo que necesitas encontrar a alguien para ser feliz y estarás más presente en tu propia vida, en lugar de obsesionarte con el futuro. Al aceptar esta verdad, correrás a tus propios brazos y no a los de la siguiente persona que se ponga delante. Y cuando por fin conozcas a alguien (porque claro que lo harás), podrás aportar a la relación una serie de aprendizajes y vivencias mucho más interesantes y atractivos. En lugar de conocer a alguien que te salve de tu situación, conocerás a alguien que quiera compartir tus alegrías.

Mira, nadie quiere estar solo. Ni tú ni yo ni nadie. Lo único que queremos es compartir nuestra vida con alguien más. Hace diez años, la pregunta *¿Qué pasa si nunca encuentro a la persona ideal?* me habría hundido moralmente. Me aterraba imaginarme viviendo solo mi vida. Sin nadie con quien compartir las comidas. Sin nadie a quien abrazar o en quien pensar. ¿Con quién haría *sexting*? ¿Con quién me quedaría en casa para descansar? Pero hace diez años tampoco tenía una vida muy plena que digamos. Ésa es la diferencia entre la persona que era antes y la que soy ahora. Sigo siendo un romántico empedernido. Sigo buscando el amor con la misma intensidad. Pero ahora tengo una vida más rica y estimulante. Una vida que no depende de nadie más. *Eso* es lo que me volvió a dar el poder, el preguntarme *¿Hacia dónde me dirijo?* antes que *¿Quién va conmigo?*

El amor y las relaciones son sólo una parte de tu vida, no toda. Hay tantos aspectos de tu vida enriquecedores y con valor propio. Tu sentido artístico. Tu carrera. Tu forma de hacerte escuchar y la huella que vas a dejar en este mundo. Tus amistades. Tu familia. Tus aficiones y pasatiempos. Tu curiosidad por explorar, aprender, crecer y ampliar horizontes. Cuando construyes tu vida de verdad, una vida sincera para contigo mismo y con unos principios propios, el miedo a estar solo comienza a desaparecer.

Me encontré a mí mismo gracias a las donas, las pesas y mi moto

He aquí la clave. De niños, éramos increíblemente curiosos, no teníamos miedo, trepábamos descalzos a los árboles y siempre buscábamos una nueva aventura. Pero eso no era todo: muchos también pasamos por auténticos tormentos. Nos acosaban y se reían de nosotros por repetir camisa o por no llevar comida que valiera la pena intercambiar. Vimos a nuestros padres tirar sillas, divorciarse o beber demasiado. Y el dinero, siempre parecía que no había suficiente. Por eso nos vimos obligados a crecer rápido, ponernos a trabajar y cuidar de nuestros hermanos. Si eres mujer, te educan para ser amable, servicial y callada. No respetan tus límites. Siempre te arrebatan algo. Si no es tu virginidad, tu voz. Tres de cada cinco mujeres a las que he ayudado han sufrido algún tipo de violación o abuso sexual en su juventud. Ésa es la realidad, y si no le hacemos frente, nunca arrancaremos el motor de nuestra vida. Si eres un hombre, seguro que te han educado —si no tu padre, en los vestidores y la propia sociedad— para que te busques la vida solo, sin pedir ayuda, y que suprimas tus sentimientos; para que seas «un hombre de verdad».

Todo esto nos moldea hasta cierto punto. Nos volvemos más temerosos, nos bloqueamos más emocionalmente y nos sentimos más vulnerables. Nos hacemos dependientes de otras personas y de lo que opinan de nosotros porque no tenemos un concepto propio sobre nosotros mismos. Pero aún no nos han explotado con trabajos de mierda y relaciones fallidas. No nos hemos enfrentado a deudas de tarjetas de crédito, a los impuestos o al rechazo. No nos han engañado con otra persona, mentido o hecho *ghosting*. Aún no nos han roto metiéndonos miedo o falsas esperanzas. Nuestro reloj interno está aún en modo «Explorar». Queremos saltar desde lugares altos. Probar a qué saben las hormigas. Hay tanto por descubrir que cada día es una nueva aventura. El mundo es inmenso y nuestra curiosidad también lo es. No tenemos miedo.

A medida que nos hacemos adultos, nos damos cuenta de que somos distintos. No somos tan guapos, altos, atléticos o inteligentes como otras personas. Por eso, hacemos lo que sea para encajar. Algunos conseguimos entrar en el club; otros, no. Los que no lo consiguen se convierten en marginados. Es entonces cuando nos creemos peores que los demás e intentamos compensarlo de otras formas. Y así es como empezamos a desconectarnos de nosotros mismos.

Nuestro afán por conseguir lo que nos falta marca el patrón tóxico de nuestra vida de afuera hacia dentro, no de dentro hacia afuera. Escondemos partes de nosotros que una vez mostramos orgullosos y sacando pecho. Nos convertimos en versiones reducidas de nosotros mismos para gustar a otros. O fingimos. En cualquier caso, ahora nos escondemos y aprendemos a conseguir la aprobación y validación exterior, una búsqueda que durará muchos años. Al final, nos vuelve invisibles.

Después, entramos en el mundo de las relaciones. Nos sentimos importantes y valorados. Deseados. Y como nos prestan atención, creemos que nos hemos encontrado a nosotros mismos. Pero lo que ha pasado en realidad es que hemos comenzado a perdernos en otra persona. Descubrimos la codependencia, el amor tóxico y qué es un corazón roto. Al final, llegamos a pensar que no sólo somos defectuosos, sino imposibles de amar. No conseguimos desarrollar buenas estrategias para afrontar todo esto y acabamos en una espiral de autodestrucción. Eso sólo nos lleva a una mayor desconexión a medida que dejamos de confiar en los demás, pero, sobre todo, en nosotros mismos. Nos volvemos maleables y fáciles de manipular por los demás. Hacemos lo que sea para demostrar que importamos, que tenemos valor y que somos dignos de amor. Compramos cosas para llenar ese vacío y nos quedamos bloqueados en el modo «Lograr».

La vida sigue haciéndonos mella mientras buscamos un propósito y un significado, pero nos quedamos cortos. La frustración anula nuestra curiosidad. Lo único que parece que encontramos son prejuicios, y la magia de todo se desvanece. Ya nos sabemos el cuento. Nos dedicamos a cumplir horarios en lugar de cumplir nuestros sueños y perseguimos esquemas que ni siquiera nos pertenecen, normalmente de nuestros padres y de la sociedad. Hacemos sacrificios porque creemos que eso es la adultez. Dejamos de lado nuestras propias necesidades y deseos por los demás. Seguimos perdiéndonos en las relaciones (desconexión) en lugar de construir una relación sana con nosotros mismos (conexión) y seguimos sin tener idea de cómo es una relación sana. Al fin y al cabo, nunca hemos vivido una. Así que nos metemos en relaciones tóxicas, abusivas y desiguales porque nos son familiares, aunque nos traen el tipo de dolor que nos hace cuestionarnos la vida. Enterramos ese sentimiento en lo más profundo de nuestro ser y fingimos que todo va bien.

Seguimos forzando la máquina, persiguiendo cosas que no son buenas para nosotros, cayendo en los mismos patrones que nos estancan en las mismas experiencias y solidifican las mismas creencias una y otra vez. La vida se convierte en una gigantesca palanca que nos separa y nos parte por la mitad. Lo sé, suena un poco dramático, pero es así. No nos damos cuenta de lo que está pasando porque ocurre en nuestro interior. Por fuera, hemos aceptado la vida tal y como nos viene. Porque, ¿qué es exactamente la felicidad? ¡Vamos! ¿Hay alguien que sea realmente feliz? Entonces, tiramos hacia delante. Echamos más horas que un reloj en el trabajo. Nos comprometemos por encima de nuestras posibilidades. Cuidamos de los demás. Cambiamos de opinión.

Nos pasamos la vida en un tira y afloja en relaciones. No le decimos a la gente lo que realmente pensamos. Nos movemos hacia adelante en lugar de hacia adentro y empezamos a desvanecernos como Michael J. Fox en *Volver al futuro*, cuando no pudo volver a juntar a sus padres. Nuestra balanza interna se desequilibra y el mundo empieza a hacerse pequeñito. Lo que antes era un océano es ahora una piscina de plástico. Con grietas. Hemos levantado nuestra propia prisión. Seguimos en la misma situación de mierda; lo único que cambia es el día del calendario.

Los años se diluyen y pasa una década, y vamos tan a la deriva que ya no tenemos ni idea de quiénes somos ni de lo que queremos. La felicidad se va alejando por el espejo retrovisor mientras miramos el camino que tenemos por delante con la mirada envejecida y restos de comida rápida en el asiento del copiloto. Nos hemos resignado a nuestras circunstancias. Esto es lo máximo a lo que puedo aspirar. Así, nos atontamos con comida, drogas y sexo casual.

Seguimos alejándonos de nuestro «yo» interior, y cuanto más nos desconectamos de nosotros mismos, más deseamos conectar con otra persona.

Vuelve a leer la frase anterior. Sí, ésa es la razón por la que muchos de nosotros caemos en relaciones superficiales que nos llevan a años de miseria y desamor. Relaciones que sabemos que no están bien, pero que no queremos dejar para no estar solos. O que pensamos que podemos arreglar porque reparando las cosas es como nos damos valor a nosotros mismos. Pero no podemos arreglar a otras personas.

Y en cualquier relación siempre seremos sólo el 50%. Así que incluso si fuéramos perfectos, eso sólo cubriría nuestra mitad, y esa mitad no es suficiente.

Es más fácil meterse en una relación para «arreglar» un sentimiento de desesperanza o aburrimiento. Pero la llamada viene de dentro de casa: hasta que no resuelvas eso, más te perseguirá esa sensación de desconexión con lo que eres tú realmente. Ninguna pareja, por más perfecta que sea, puede reemplazar eso. En algún momento tendrás que hacerle frente.

Refugiado en el baño

Me sentía como en una película de mafiosos, hundiéndome con bloques de hormigón atados a los tobillos. Mi matrimonio se estaba desmoronando. Había cambiado de profesión, de guionista a terapeuta, y me preguntaba si había tomado la decisión correcta. En parte porque estaba en un trabajo que era jodidamente turbio. Acababa de terminar la formación en la escuela de terapia y trabajaba como asesor en un centro de «tratamiento» ruso, es decir, una especie de residencia de ancianos. Básicamente, un lugar donde la gente se hacía rica con el dinero de los seguros a costa de los ancianos rusos que no hablaban inglés. ¿Y qué hacía yo allí si no sabía ni una pizca de ruso? Firmaba el papeleo y escribía las notas del caso. No eran falsas, ¿pero eran reales? ¿Estaba realmente ofreciendo una terapia o estaba cuidando de pobres moribundos? Llegó a ser tan horrible que me encerraba en el baño y no salía hasta que alguien me encontrara. Jugaba a esconderme para ver si podía alargar el tiempo ahí dentro. Pero no podía dejar el trabajo. Era mi única salida. Ponerme una camisa formal todos los días y ganar un sueldo salvaría mi matrimonio. Aunque me absorbiera la vida.

Nunca me sentí tan solo en la vida. Recuerdo el día en el que me senté en el baño, como de costumbre, apoyé mi cabeza contra la pared con la mirada perdida y, de repente, se abrieron las compuertas. Empecé a llorar como si se hubiera abierto un grifo, sin emitir ni un solo sonido ni cambiar la expresión de la cara, mirando al vacío. Sólo las lágrimas indicaban que aún seguía vivo. Bueno, eso y mi nombre por el altavoz: «John Kim, acuda a recepción, por favor». Creí que la voz venía de Dios, así que contesté: «Si consigo levantarme ahora, ayúdame, por favor». Una especie de oración corta. La verdad es que no había hablado con Dios desde hacía mucho tiempo. Pero la oración cayó en saco roto. Dios no respondió.

Me había prometido no volver a tomar otro trabajo de mierda. Una vez hice trabajo de noche limpiando fluidos de otros con un traje de protección, todo por el salario mínimo. Pero entonces tenía quince años y estaba contento con mi vida. Mis amigos y yo nos metíamos en el peor trabajo que podíamos a propósito sólo para jactarnos de la experiencia. Nos creíamos unos «rebeldes». Unos adolescentes que trabajaban a la par de hombres de entre treinta y cuarenta años. Recuerdo que parecían medio muertos. Eran como carcasas vacías andantes, zombis. Me daban pena y me juré no ser nunca como ellos cuando fuera mayor. Y, sin embargo, así es como acabé a mis treinta años, igual que ellos. En lugar de cargar con una fiambrera Coleman, ahí estaba yo con mi *Manual de diagnóstico y estadística 5*. No sabía quién era. No tenía ni idea. Estaba completamente desconectado de mí mismo. Unas semanas más tarde, mi esposa me pidió la separación, que no tardó en acabar en divorcio. Y fue entonces cuando reventé.

O al menos eso creía. Pero las cosas no rompen a la gente de la nada. Lo que nos rompe no es perder el trabajo, ni los amigos... ni siquiera un matrimonio. Lo que nos rompe es alejarnos de nosotros mismos durante demasiado tiempo. No es un acontecimiento único. Es esa deriva gradual. Durante años me dediqué a escribir guiones en cafeterías. Y eso era todo. No tenía más vida que ésa. No tenía amigos. No tenía ninguna afición. Me limitaba a levantarme de la cama y arrastrarme hasta una cafetería para pasarme todo el puto día tecleando hasta que se hacía de noche. Día tras día. Además, lo hacía por la razón equivocada. Si mi trabajo de guionista fuera una pareja sentimental, habría roto con ella hacía ya mucho tiempo. Ya no me gustaba escribir películas. Estaba apuntando al blanco equivocado. Pensé que me haría rico, o sea, feliz.

Hacer cosas pensando más en el resultado que en la propia ilusión de hacerlas te desconecta de ti mismo. Empiezas a sentir que siempre te falta algo. Te desesperas. Te olvidas de «por qué» las haces. Y lo más importante: no te permites ser feliz hasta que no consigues lo que quieres, y si eso nunca pasa, nunca disfrutas realmente de esa felicidad. (Sí, la felicidad se encuentra en las pequeñas cosas del día a día; no es como darle a un interruptor para encenderla ni una meta que se cruza). En lugar de practicar la felicidad, me preocupaba, me angustiaba y siempre veía el vaso medio vacío. Siempre parecía que todo se iba a desmoronar. Esa mentalidad me tenía preso, con la mente nublada y en un mal estado. No se puede disfrutar de la vida cuando el cuerpo cree que se está muriendo. Me sentía vacío por dentro.

No hemos nacido sólo para hacer cosas, o sólo para amar a oras personas. Nuestro potencial y nuestro camino dependen primero de la conexión que tenemos con nosotros mismos. Y gracias a esa conexión, evolución, crecimiento y expansión logramos hacer cosas y amar a gente de forma sincera, auténtica y con sentido.

Cómo volví a conectar conmigo mismo

I never felt so alone and I've never felt more alive.
(Nunca me sentí tan solo y a la vez tan vivo).
—THIRD EYE BLIND

No tenía ninguna idea ni plan. Sí, estaba estudiando Psicología para convertirme en terapeuta. Pero eso no significaba nada. Que quisiera ayudar a los demás no significaba que me hubiera ayudado a mí mismo. A lo mejor quería ayudar a los demás para no reconocer mi propia mierda. No lo sé, pero está claro que no sabía lo que estaba haciendo. No había tenido ningún trabajo real. Hacer unas pocas sesiones individuales y repartir algunos consejos de pareja no es un trabajo de verdad. Un posgrado no es un trabajo real. Leer libros de psicología no es un trabajo de verdad. Escribir artículos de blog sobre superación personal no es un trabajo de verdad. El trabajo real ocurre cuando haces el viaje completo, no basta con absorber

información. Ése es el problema actual de lo que considera-
mos mejorarnos a nosotros mismos. Y me importa una mierda si sabes *reiki*. ¿Por qué experiencias has pasado y cómo
te han cambiado? No tenía ni idea de que estaba a punto de
embarcarme en un viaje: desde llorar en una caseta de baño
hasta reencontrarme con un sentido del «yo» que no había experimentado desde niño. Resulta que Dios me habló. Pero no
con palabras. Dios me habló a través de los acontecimientos
y las personas que aparecieron en mi vida.

Pesas y donas (mi cuerpo)

Después del divorcio, me presentaron a un chico asiático en
la iglesia. Se llamaba Sam y también era un terapeuta que
estaba pasando por un divorcio en su treintena. También
había dejado su carrera en el mundo del espectáculo: las noticias. También era un macho beta que solía pedirle permiso a su mujer para comprar cereales azucarados. Teníamos
mucho en común. Sea como fuere, congeniamos enseguida
y nos fuimos a vivir juntos a un apartamento destartalado
en Koreatown, propiedad de su amigo (que nos lo alquiló
por una ganga) y más conocido como el *Heartbreak Hotel*
(el hotel rompecorazones), porque todos los que vivían allí
tenían el corazón roto.

Sam fue mi primer amigo asiático de verdad. Crecí en un
barrio predominantemente blanco en los años ochenta. Por
entonces no se nos llamaba «asiáticos». Éramos «orientales».
Como las alfombras. No éramos *cool*. Y si no eras *cool*, te
molían a palos. Así que traté de pasar por «blanco» lo máxi-

mo posible. Solían llamarme «Twinkie» (un pastelito de masa y relleno): amarillo por fuera, blanco por dentro. Sam creció en un barrio de negros, así que supongo que él era más bien una tortita de chocolate con cobertura de plátano, o algo así. La cuestión es que ambos sabíamos lo que era sentirnos en conflicto con quiénes éramos y de dónde veníamos.

Por más raro que parezca, conectar con Sam me hizo reconectar conmigo mismo, o sea, volver a mis raíces. Nos teníamos el uno al otro. Me gustaría decir que éramos como Sherlock y Watson, pero la verdad es que nos parecíamos más a una versión masculina asiática de Laverne y Shirley. Está claro que él era igual que Laverne. A los dos nos volvía locos el dulce y nos zampábamos un montón de donas. Creo que era una forma de compensarnos por todas las veces que no habíamos podido hacerlo cuando estábamos casados. Una de nuestras rutas nocturnas era ir hasta Yogurtland en Hollywood (sabíamos que la gente que come helado no se soporta a sí misma, así que comíamos yogur helado). Y justo al lado de Yogurtland había una especie de zona de juegos para adultos. No, no era una tienda de porno. Era una especie de gimnasio con barras trepadoras, neumáticos enormes y aros de gimnasia. Una especie de campo de *crossfit*, que por entonces era una novedad en el deporte.

Cuando era pequeño, solía hacer *breakdance*. Me dejaba llevar totalmente y me pasaba las horas muertas girando sobre mi cabeza, hasta perder la noción del tiempo. Era lo que más me gustaba hacer en el mundo. Cuando hacía *breakdance*, tenía una conexión total con mi cuerpo. Mente y cuerpo eran uno solo; con este tipo de baile me sentía completo. Después tuve que crecer: colgar mis pantalones de tirantes y mis zapatillas de cordones anchos. Y me desconecté de mi cuerpo poco a poco.

Siempre he ido al gimnasio desde entonces, pero sólo por una cuestión estética, para verme mejor. Hacer ejercicio no me despertaba ninguna emoción en particular. Levantaba muchas pesas para romper las camisetas con mis grandes pectorales. Nunca hacía piernas porque no sabía lo que era hacer sentadillas, así que parecía una especie de gorrión. Sam y yo siempre hacíamos abdominales. Estábamos solteros y queríamos ligar. Pero eso no fue lo que me hizo obsesionarme con el *crossfit*. Después de practicarlo por primera vez en aquel lugar, algo cambió dentro de mí. Gracias al *crossfit* volví a mis once años. Al practicar tracciones, dominadas y flexiones, recuperé al niño que había sido y abandonado durante tanto tiempo. Volví a disfrutar de la adrenalina y la dopamina gracias al ejercicio y me sentí más vivo que nunca.

Sam y yo empezamos a practicar *crossfit* a diario. Se convirtió en parte de nuestra rutina. Y después de una sesión, nos premiábamos con donas entre una y tres veces por semana. Pero en realidad nos estábamos comiendo los sentimientos. Nos habíamos ganado esa mierda y nos permitíamos algo que queríamos y que nos merecíamos. Estábamos conectando con una parte de nosotros mismos que habíamos reprimido durante años, cuando nos casamos con nuestras respectivas parejas. Así volví a conectar conmigo mismo, haciendo pesas y comiendo donas.

Ahora, intenta recordar esa versión de ti mismo que practicaba algo que te hacía sentir tan libre como el *breakdance* a mí. ¿Cuándo fue la última vez que te sentiste cómodo con tu cuerpo? ¿Qué ha cambiado desde entonces? ¿Qué pasó para que te desconectaras de tu cuerpo? ¿Un matrimonio? ¿Hijos? ¿Una relación tóxica? ¿Estrés laboral?

¿Cómo te conectas con tu cuerpo ahora? ¿O no te conectas? ¿Cómo podrías reconectar con él? Recuerda, no tiene por qué ser con pesas y *burpees*. Eso es lo que me funcionó a mí, pero para ti puede ser cualquier otra cosa, como hacer yoga, surf o bailar salsa. Cualquier cosa que te anime a establecer una nueva conexión con tu cuerpo, una que puedas seguir mejorando y alimentando en el futuro.

Motocicletas (mi espíritu)

En los ochenta, todos los muchachos *cool* tenían motos de *cross*. Por supuesto, yo también quería una con todas mis fuerzas. Pero mis padres pensaban que eran demasiado peligrosas, así que me compraron un escúter Honda Spree de 50cc. Por lo visto, creían que un escúter de plástico motorizado, que no requería de casco en una carretera, era más seguro que una moto de *cross* que sólo se podía llevar en terreno no asfaltado y requería equiparse de los pies a la cabeza. Pero bueno, pasé las horas muertas con esa pequeña trampa mortal de color rojo calle arriba y abajo desde mi casa. Fue lo más parecido que sentí a volar. Nunca me sentí más libre, ni siquiera cuando practicaba molinos (un movimiento de *breakdance*). Me alegraba la vida. Me permitía sacar a mi Chuck interior (el apodo que me ponían los profesores porque no sabían pronunciar *Chul-Ki*, mi nombre coreano) y pasármelo en grande. Me dio una identidad y me definió como persona. Después, me hice mayor y la Honda Spree se convirtió en un Honda Civic. Me obligué a renunciar a todo lo que había sentido sobre dos ruedas cuando tenía doce años. Y así murió parte de mí.

Nunca me planteé tener una moto cuando estaba casado. Mi esposa pensaba que eran muy peligrosas y yo le di la razón ciegamente. Lo primero que hice cuando me divorcié fue comprarme una moto. Esa Ducati Monster 620 me devolvió a mis doce años. Me recorrí toda Koreatown con esa bonita moto negra de motor abierto. También me metí en los cañones de Malibú. La llevé a la playa. Y a cafeterías, para encontrarme con mis clientes. Con ella me sentía como Batman. Me ayudó a abrirme y conectar con mi verdad, con el espíritu de Chuck (antes de que pasara a ser John), con la época en la que no tenía que preocuparme por los impuestos ni por mi matrimonio y por todos esos «tengo que». Antes de que comenzara a hacer cosas con las que me mentía a mí mismo.

Desde entonces, he tenido cinco motocicletas. Y cada vez que monto en una, recupero el espíritu de ese niño pequeño que recorría la calle de su casa en pantalones cortos y chanclas con una sonrisa de oreja a oreja. Pero en realidad las motos sólo son una parte, una conexión o un vehículo que me permite conectar con una parte de mí mismo que reprimí en su momento porque tenía que «hacerme mayor». Siempre me hacen sentir algo cuando me siento entumecido ante el resto de mi vida.

Ahora, para y pregúntate: ¿cómo conectas con tu espíritu hoy? ¿Acaso lo haces? ¿Cuándo escuchaste a tu auténtico espíritu y le permitiste salir a bailar? ¿Lo has intentado alguna vez? ¿Qué pasó para que tu espíritu desapareciera? A lo mejor escogiste un trabajo que nunca quisiste; o tal vez no te reservas tiempo para ti mismo, para hacer cosas divertidas, que te hagan sentir vivo y que te importen.

¿Cómo te reconectarías con tu espíritu? No tiene que ser montado en una Harley. Escoge tu placer prohibido favorito (o mejor dicho, tu premio). Tenía un cliente que decía que conoció a Dios en el agua, así que retomó el surf. Tampoco tiene que ser una actividad; a lo mejor vale con que crees un espacio propio. Otro cliente rediseñó su oficina de arriba abajo para crear un espacio creativo para sí mismo, donde su espíritu pudiera volar libre, ese espíritu que llevaba reprimido desde que se convirtió en un directivo de empresa.

Tenía otra clienta que decía que nunca se había sentido tan viva como en la secundaria, cuando andaba todo el día con sus Doc Martens y unas baquetas en el bolsillo trasero del pantalón. Ni siquiera tocaba la batería. Las llevaba porque le gustaban, y ya, y no le importaba lo que otros opinaran. Me contó que no le hacía falta aporrear las baquetas contra su MacBook de camino a su trabajo en el mundo corporativo para recuperar su verdadero espíritu (aunque podría haberlo hecho). Para ella, bastaba con imaginarse esa sensación de libertad y de vivir sin miedo que tenía en la secundaria esa chica que llevaba baquetas en el bolsillo trasero, y dejarse llevar para que su espíritu se manifestara de forma auténtica otra vez. Empezó a preocuparse menos por lo que otros pensaban, dejó de chismosear con los demás y siguió el ritmo de sus propias baquetas (o de su batería imaginaria, en este caso). Al notar lo que había cambiado, sus compañeros de trabajo le preguntaron cuál era su secreto.

Puedes reconectar con tu espíritu de muchas formas, siempre que te ayuden a recuperar tu «yo» más auténtico, el que te hace sentir vivo y humano. Y eso te hará brillar.

Escribir (mi alma)

Odiaba el colegio. No fui a la Universidad de California en Los Ángeles porque no me molesté en presentar la solicitud. Y no lo hice porque sabía que no entraría. Era un estudiante con notas mediocres, con una puntuación en el SAT tan baja que el vicedirector me llamó a su despacho y me preguntó si «en casa todo iba bien» (ahora me pregunto si me habría dicho eso de no ser asiático). Siempre me sentí tonto para las calificaciones y los estudios. Era ese tipo de niño que se pasaba el día contemplando el paisaje por la ventana, preguntándome cómo sería poder volar. O acostarme con mi profesora. Siempre fui un soñador. Sigo siéndolo.

Estudié cine porque me encantaban las películas. A la mayoría de los soñadores nos encantan. Y escogí especializarme en guiones no porque quisiera ser un guionista, sino porque tenía que escoger: Producción, Teoría o Escritura (de guiones). Ser guionista sonaba como lo más fácil. Nunca quise serlo. Quería graduarme y listo.

Después de fracasar como guionista, me prometí a mí mismo que jamás volvería a escribir. Enterré esa parte de mí. Durante años, lo único que escribí fueron notas en los casos que atendía. Echaba de menos aquellos días en los que mis palabras cobraban vida. Pintar sobre el papel. Por eso, un día decidí empezar un blog. Estaba pasando por una muy mala época y necesitaba desahogarme. Lo hice sólo para mí, no para nadie más. Escribir en un blog no tenía nada que ver con escribir guiones. No escribía para venderle nada a nadie. Disfrutaba del proceso porque no sentía presión. Bloguear me ayudaba a escribir con autenticidad, y poco a poco me fui enamorando de ese trabajo. Desde entonces, he escrito cerca de cinco mil publicaciones y tres libros (incluyendo éste que estás leyendo).

Pensaba que había enterrado para siempre esa parte de mí porque «no había dado la talla». Pero en realidad nunca me abandonó. Nunca murió. En cuanto me puse a aporrear teclas otra vez, me di cuenta de que escribir era parte de mi alma, de mi ADN. Cuando escribía, me sentía libre. Si ignoro ese sentimiento, estoy ignorando una parte clave de mi identidad. Estoy ignorando mi verdad. Pero tuve que acabar en un agujero —que me cavé yo solito— para volver a conectar con la escritura.

Una clienta me contó una vez que estaba deprimida y se

sentía sola. Tenía cincuenta y tantos años. A simple vista, parecía irle bien en la vida. Sólo estaba un poco desanimada. Le pregunté en qué momento de su vida se había sentido más viva que nunca. En la secundaria, me dijo. Llevaba el pelo rojo roquero y tocaba la guitarra eléctrica (¡por lo visto, las mujeres con un pasado rebelde suelen acudir a mí para hacer terapia!). Entonces se sentía invencible y no les daba apenas importancia a las cosas. Se gustaba a sí misma. Como tarea, le mandé que tomara una guitarra. No tenía que tocarla otra vez, sólo quería que tomara una y que recordara cómo se sintió. Así que salió y se compró una guitarra eléctrica. No, no se unió a un grupo o comenzó a tocar a diario, pero sí la tocó de vez en cuando y algo le hizo clic por dentro. Una emoción. Le recordó quién era ella realmente.

Analizamos juntos eso. Le pedí que describiera ese sentimiento. Me dijo que la guitarra la hacía sentir «escuchada, invencible y una mujer de armas tomar», igual que cuando recorría los pasillos vacíos de la secundaria cuando se suponía que tenía que estar en clase. Entonces, le pregunté: «¿En qué aspectos de tu vida no te sientes escuchada, invencible o muy *cool*?». En todos, me dijo. En todos los aspectos de su vida. Y entonces llegó la pregunta más importante: «¿Cómo puedes recuperar esa emoción? ¿Qué necesitas para volver a sentirla?». Hablamos sobre lo importante que era que se hiciera oír en el trabajo y expresar lo que quería en su relación; de dejar de dar demasiado a sus amigos y de que todos pusieran de su parte. A lo mejor era el momento de buscar nuevos amigos y terminar con los antiguos, que siempre se aprovechaban de ella.

Está claro que eso no iba a ser fácil. Pero se puso manos a la obra y empezó a aplicar gradualmente esos cambios en su vida. Poco a poco, empezó a vocalizar su deseo de ser escuchada, de sentirse invencible, de sentirse la jefa de su propia vida. En la oficina, sus compañeros de equipo se mostraron reticentes. No estaban acostumbrados a oírla hablar y expresar lo que pensaba. Pero su jefe notó esa nueva energía que desprendía y le encantó. Expresar lo que necesitaba en su relación la llevó a terapia de pareja, algo que siempre había querido hacer pero que no se atrevía a proponer. Y perdió a algunos de sus amigos porque no estaban acostumbrados a esta nueva faceta suya. Decían que había cambiado desde que había empezado con ese «plan de ser zen». Pero la verdad era que esa gente no estaba preparada para cambiar y crecer, así que desaparecieron. Y a ella le pareció bien.

Y así comenzó su viaje de reencuentro consigo misma. No fue una simple línea recta hacia el norte. Como todo viaje, hubo desvíos por el camino. Tomó impulso, reculó y dio algunas vueltas. Pero lo importante es que empezó el viaje. Porque si no se emprende el camino, no se puede volver a casa cambiado y habiendo reescrito tu propia historia, y no con la que otros han escrito por ti.

Como dije antes, volver a conectar contigo mismo no sólo implica retomar una actividad que te solía encantar. Lo de hacer *breakdance* o conducir una moto, o escoger una guitarra, es lo de menos. Se trata de reconectar con el espíritu de la persona que solías ser cuando te gustabas a ti mismo. Y retomar una actividad que abandonaste hace mucho tiempo te puede ayudar a reunirte con ese «yo» anterior, pero la auténtica conexión sólo puede ocurrir si canalizamos el sentimiento de quien solíamos ser y permitimos que nos cale hondo, todo sin tener que analizar cómo se ve aquello. Eso que sentías por ti mismo antes de que todas las realidades de la vida te golpearan. Antes de que tuvieras que cuidar de tus padres o de tener una relación tóxica. Antes de tener a los niños. Antes de ese trabajo que te consume por dentro. Eso que sentías cuando tenías toda la vida por delante y un mundo infinito por descubrir.

PONTE MANOS A LA OBRA

Es más fácil quererse que gustarse. Puedes esconderte detrás del amor propio, pero no puedes esconderte detrás de gustarte a ti mismo. Quererte es como marcar una tarea de la lista. Gustarte requiere un viaje interior.

¿Te gustas a ti mismo? No me refiero a tu nariz o a ese culo que tienes. ¿Te gusta lo que ves en tu interior? Si no es así, piensa en cómo puedes haberte desconectado de tu cuerpo, espíritu y alma. ¿Por qué crees que ha ocurrido? ¿Qué partes de ti que están reprimidas necesitas liberar para reconectar contigo mismo? ¿O para establecer una relación contigo mismo por primera vez?

No te preguntes en qué momento fuiste más feliz. Eso es demasiado amplio. Además, la palabra «feliz» puedes llevarla hasta en una calcomanía en el coche sin que signifique nada. Pregúntate cuándo te sentiste más vivo. Puede ser un momento, un año o un período de tu vida. ¿Qué ocurrió para que te sintieras así? Yo me sentí más vivo que nunca cuando hacía *breakdance*. Cuando conducía esa miniescúter roja de 50 cc. ¿Y tú? Quizás no fue en tu infancia. A lo mejor fue hace dos años. Recupera el pasado y recuerda cómo te sentiste. ¿Qué puedes hacer para recuperar esa sensación?

Insisto en que reconectar contigo mismo no consiste en repetir una actividad. Se trata de encontrar algo que recree esa misma sensación para que puedas reconectar con tu alma. Algo que pueda convertirse en una mentalidad o una intención. Porque cuando nos sentimos vivos, estamos conectados con nosotros mismos y nuestra alma. Cuando nos sentimos muertos por dentro, no. Alimenta tu espíritu. Pero primero, tienes que encontrarlo. Tienes que emprender ese viaje.

¿Qué puedes hacer esta semana para comenzar a conectar contigo mismo? ¿Qué puedes hacer en el trabajo? ¿Y en tus relaciones? ¿Y para mejorar la relación con tu cuerpo? No te limites a anotar ideas. Anota también las acciones que puedes llevar a cabo y luego ejecútalas. Comienza el viaje de gustarte a ti mismo.

Tu primera cita con los autocuidados

Autocuidado», tal como «autoayuda», se ha convertido en una de esas palabras genéricas que vemos en todas partes. En las redes sociales, en los libros, en los blogs y en los memes. La gente ondea la bandera de los «autocuidados» pero no los practica. Rara vez está entre sus tareas prioritarias. Especialmente para los hombres. *Nosotros no necesitamos toda esa mierda.* Está al final de la lista, con la pedicura y los masajes. Demasiados hombres creen que los autocuidados son un extra; que los hombres no necesitan autocuidados; que cualquier hombre que se da autocuidados es débil. Es una creencia falsa.

En primer lugar, en lugar de teorizar sobre los autocuidados, vamos a reexaminar cómo se traducen realmente en la vida cotidiana. Ojo, que los autocuidados no son lo mismo que el amor propio. Si no estás en un momento de amarte a ti mismo, los autocuidados pueden llevarte hasta ese amor propio. Así que deja de exigirte a ti mismo amarte. Te estás exigiendo demasiado. Y con la exigencia, viene mucha presión. Y si te cuesta hacerlo, te sientes defectuoso. La verdad es que todos luchamos con el amor propio porque no sabemos *cómo* amarnos a nosotros mismos. No es algo que practiquemos. Sí, somos buenos para amar a los demás, pero rara vez damos prioridad al amor propio, y mucho menos lo practicamos.

Empieza con algo pequeño. Organiza una primera cita contigo mismo y déjate llevar.

Mira, tampoco tiene por qué ser una cena y una película. O si nos vamos al otro extremo, un gran viaje a Bali. Eso es más autoayuda. Una primera cita contigo mismo puede ser un paseo. O un entrenamiento. O una simple taza de café contemplando la pared un sábado por la tarde. La actividad no es lo más importante. Lo que importa es la conexión. ¿Estás conectando contigo mismo? ¿Te sientes a gusto contigo mismo? ¿O estás en tu teléfono y dándole vueltas a la cabeza todo el tiempo, repasando la lista de tareas pendientes o preguntándote por qué no has conocido a nadie? ¿Puedes prestarle a otra persona toda tu atención? Pues ahora hazlo por ti.

A la mayoría de las personas les resulta difícil prestarse atención a sí mismas. Porque no han salido de verdad con ellos mismos. Se han limitado a hacer un montón de cosas solas, sin fijarse especialmente en cómo se sienten. Hay una gran diferencia. Como la diferencia entre hacer el amor y coger con alguien que apenas conoces o te gusta. Los movimientos pueden ser los mismos, pero una experiencia te conecta contigo mismo y aumenta tu autoestima. La otra te desconecta de ti mismo y drena tu autoestima.

Correr para quedarse en el mismo sitio

Trabajaba en una asociación local sin ánimo de lucro asesorando a adolescentes que se estaban recuperando de una adicción. Era un trabajo gratificante, pero tomaba muchas horas y el sueldo era muy bajo. Un día, después de acabar mi turno, me fui a la playa. Era algo raro en mí. Ahora mi vida consistía en reconstruir. Giraba en torno a la planificación, las rutinas diarias y cumplir con una lista de tareas pendientes. Tenía muchísimo papeleo atrasado con mis casos, dirigía un programa de apoyo familiar y la clase de *crossfit* empezaba en treinta minutos. Seguía un plan muy estricto para transformar mi cuerpo y conseguir mi licencia como terapeuta. No tenía tiempo para tonterías. Pero ese día algo me poseyó. Era martes y me senté solo en la arena a ver la puesta de sol. Entonces empecé a decirme: «¿Qué mierda estás haciendo, idiota? Eres un inútil. Nunca acabas las cosas. ¿Quieres acabar arruinado trabajando en asociaciones el resto de tu vida?».

De repente, me levanté, metí la toalla en la mochila y empecé a correr. Sí, a correr. Supongo que así fue como intenté acallar las voces. Corrí por la orilla, agarrando con fuerza las correas de mi mochila mientras sonaba «Semi-Charmed Life» en mi iPod (sí, ha pasado mucho tiempo desde entonces). «*Quiero algo más para pasar por esto, esta vida semiencantada*». La canción me recordaba a las noches de cervezas, las novatadas y los terremotos (estudié en la universidad de Northridge en los noventa). Seguí corriendo sin parar. Esperé a cansarme. Pero no me cansé. Creo que en ese momento me convertí en una especie de Forrest Gump coreano.

Me crucé con una niña que perseguía a una gaviota. Sonreímos cuando establecimos contacto visual. Cuando las olas se acercaron a mí, no me alejé del agua. En su lugar, me abrí paso entre las olas como un soldado. La gente me miraba. No me importaba una mierda. Miré a los surfistas subidos a sus tablas en la distancia. Pensé: «Cómo me gustaría poder surfear». Los niños jugaban a lanzarse arena. Una pareja pasó tomada de la mano y despertó algo en mí: la soledad. Fue entonces cuando entendí por qué no quería volver a casa.

Me quedé en la playa todo el día. Luego me compré algo de comer en el muelle por un precio prohibitivo. Pensé en lo que me gustaba, en lo que no me gustaba y en todas las partes de mí que quería explorar. Pensé en lo que quería hacer y en algunas cosas en las que nunca había pensado. Me reí de mí mismo por cómo había corrido por la playa y me felicité por dejar el trabajo. Se puede decir que fue mi primera cita de verdad. Conmigo mismo.

Okey, entonces ¿dejar el trabajo y correr por la playa es un autocuidado? Claro que sí, siempre que lo hagas para conocerte mejor, para tener una relación más sana contigo mismo y para cuidarte. Pero no era por eso por lo que me lancé a correr por la playa. Yo ya era súperproductivo y me cuidaba por fuera con el ejercicio físico y las rutinas de entrenamiento. Pero estaba ignorando mis necesidades emocionales. Estaba mentalmente agotado. La verdad es que no me estaba tratando muy bien a mí mismo. Necesitaba reiniciar, hacer una limpieza. Necesitaba sentir la arena entre los dedos de los pies y el viento en la espalda. Y también una buena cena de mariscos que no sabía que necesitaba. Al menos la necesitaba ese día. Correr me permitió dejar de aporrearme verbalmente. Al ponerme en marcha, también me estaba tratando bien. Llámalo «autocuidado», «salir contigo mismo» o ser un «flojito» (como lo llaman los hombres en los vestuarios). Llámalo como quieras. Pero sea como fuere, estaba construyendo una relación conmigo mismo. Por primera vez en mi vida, no estaba huyendo.

El autocuidado no son baños con velas y comidas caras. Es cuidarse a diario como lo harías con un ser querido. Significa romper el patrón de ponerte en último lugar. Significa no ocuparte de todo. No sobrecargarte. Significa no trabajar de sol a sol si estás extenuado. Significa decir «no» a las cosas. Significa tener en cuenta tus propias necesidades —pero no por encima de las de los demás, sino al mismo nivel que las de esas personas— y satisfacerlas.

Y lo entiendo. El autocuidado es difícil. Es raro. Te sientes egoísta y culpable al practicarlo. No estás acostumbrado. Se te ha enseñado a cuidar de los demás, pero no de ti mismo. Y no es que un día te levantes y de repente te quieras a ti mismo después de haber decidido empezar a practicar el autocuidado. Sí, empieza con una decisión, pero requiere de miles de pequeñas acciones, de momentos de atención a tus necesidades, de darte cuenta de que importas y de que es tu responsabilidad cuidarte si quieres ser mejor como padre, hermano, marido, esposa, profesor, artista, atleta, escritor o directivo. El autocuidado es un estilo de vida. No una lista de tareas ni una camiseta con lema.

El autocuidado es el lugar donde nace un mejor tú. Es tu propio terreno para crecer. No es sólo para la gente que tiene tiempo de sobra. Como la palabra «autocuidado» ha sido bañada en azúcar y pegada en memes, puede hacernos sentir un poco incómodos. Como la película que todo el mundo tanto nos dice que veamos que ya no queremos verla. Así que, por ahora, olvídate de las palabras «autocuidado» y «quererte a ti mismo». En cambio, míralo como una forma de conectar o desconectar de ti mismo. Si empiezas a construir una mejor relación contigo mismo dándote lo que necesitas y tratándote mejor con tus acciones, palabras, pensamientos y una práctica consciente del autocuidado, estarás conectando contigo mismo. Si no lo haces, acabarás desconectándote.

Cuando te conectas contigo, tu potencial se dispara. Cuando te desconectas, tu potencial se reduce. Es así de sencillo. El autocuidado es sinónimo de conectarse con uno mismo. No cuidarse es desconectarse de uno mismo.

Éstas son algunas preguntas que pueden ayudarte a iniciar el proceso: ¿cómo es tu relación contigo mismo estos días? Olvídate de eso de amarte a ti mismo y pregúntate: ¿te gustas a ti mismo? Si no es así, ¿por qué? ¿Qué ha pasado? ¿Hay algo que necesitas dejar ir o aceptar? ¿Necesitas perdonarte por algo? ¿Necesitas cortar el vínculo que mantiene unido lo que haces con lo que vales? ¿Estás respondiendo con sinceridad?

¿Qué cambiaría en tu vida si llegaras a un lugar donde realmente te gustaras a ti mismo? ¿Donde no te vieras forzado a gustarte, sino que te gustaras de verdad? ¿Influiría el hecho de que te gustaras a ti mismo en las personas de las que eliges rodearte? ¿En la persona que eliges amar? Déjame preguntarte algo más. ¿Qué hace falta para que una persona te guste de verdad, para que la consideres una de tus favoritas? Se necesita tiempo, ¿verdad? Tienes que llegar a conocer a esa otra persona. ¿Te has tomado el tiempo para conocerte a ti mismo estos días? ¿O lo dejaste de hacer con el paso del tiempo, consumido por el trajín diario? ¿Cómo sería volver a conocerte a ti mismo?

Bien, ahora olvídate de gustarte a ti mismo. Porque eso lleva tiempo. Trabajarás en ello. ¿Y el amor? El amor es una elección. ¿Cómo te gusta ser amado por alguien? A fin de cuentas, amar a alguien significa respetarlo, tratarlo bien, permitir que se pueda explicar, validarlo y apoyarlo, y defender su versión de los hechos. ¿O no? Y no sólo con acciones, sino también con palabras. Las acciones y las palabras van de la mano. Si alguien te trata bien, pero te habla como la mierda, eso no es amor. O si alguien te habla con amor y amabilidad, pero te trata como la mierda, tampoco es amor. Todo se reduce a una combinación de acciones y palabras, y deben coincidir. Así es como se ama a alguien. El resto no es amor. Y si no es amor, no hay manera de construir una relación sana. ¿Te suena?

¿Puedes amarte a ti mismo como te gustaría que alguien te amara y como amas a los demás? Puede que no lo hayas practicado lo suficiente. Probablemente no sea algo en lo que te esfuerces conscientemente o en lo que pienses cuando te ocupes de tu día. Pues bien, es hora de empezar.

Recuerda que el autocuidado *no* es sólo un método para sobrellevar situaciones. Es una forma de conectar. Contigo.

O en versión para *dummies*:

Conectarse con uno mismo a través del autocuidado puede significar regalarse una dona de vez en cuando. Volver a casa temprano un viernes. Establecer límites saludables con los amigos, la familia y los compañeros de trabajo. Hablar claro en el trabajo. Tomar la moto en lugar del coche. Terapia. Conseguir una niñera para poder pintar. No tu casa, sino en un lienzo, para alimentar esa necesidad creativa que forma parte de ti y que has ignorado durante tanto tiempo.

El autocuidado puede significar decirte a ti mismo que importas. Saber hasta dónde has llegado y quién eres hoy gracias a ello. No torturarte cada vez que «metes la pata». Practicar la autocompasión y el perdón, que, por cierto, es una elección diaria. Ser más tolerante con uno mismo. Darse espacio para ser humano. El autocuidado significa construir una mejor relación contigo mismo escuchándote y dándote lo que necesitas y mereces.

Todas las relaciones exigen que se mire hacia dentro, que se examine de dónde vienen los sentimientos y por qué. Para asumir la responsabilidad y cambiar los patrones. Para aprender dónde están las grietas de tu pavimento. Cualquier relación —incluida la que tienes contigo mismo— es un proceso de descubrimiento. Tu relación contigo mismo es una práctica diaria, y como en toda relación, algunos días serán fáciles y otros serán imposibles. Ahí es donde entra en juego la autocompasión. Tienes que ser compasivo contigo mismo, de la misma manera que practicarías la compasión cuando tu pareja no está en su mejor momento. Pero también tienes que llamarte la atención a ti mismo, como lo harías con tu pareja. Debes saber cuándo te estás escondiendo y no estás siendo sincero contigo mismo. Esto es lo que significa trabajar en una relación contigo.

PONTE MANOS A LA OBRA

Primero, pregúntate cómo tratas y hablas a las personas que quieres.

Empiezo yo.

Cuando se trata de las personas que quiero en mi vida —mis amigos, mi familia y mi pareja— las trato con respeto. Intento proporcionarles un espacio seguro para que sean escuchadas.

Defiendo su historia. Los acepto a ellos y a sus defectos. Practico la empatía y la compasión. Tengo en cuenta toda su historia e intento no juzgar. Soy comprensivo. Los apoyo. Aliento sus sueños. Los entiendo. Les hablo con amabilidad. No asesino su carácter. Los escucho. Les doy el beneficio de la duda. Quiero realmente lo mejor para ellos.

Ahora dale la vuelta a la situación. ¿Me trato y me hablo a mí mismo de la misma manera? Por supuesto que no. Soy mucho más duro conmigo mismo. Me hablo de una manera que nunca haría con otros. Me reprendo. Me presiono excesivamente. Me exijo más que a los demás. Me meto comida de mierda en el cuerpo y luego me avergüenzo por ello. No me trato ni hablo conmigo mismo como lo hago en mis otras relaciones.

Ahora pregúntate: ¿de qué manera no te tratas a ti mismo como tratas a las personas que quieres? ¿Cómo es tu relación actual contigo mismo? ¿Cómo te tratas a ti mismo (acción)? ¿Y cómo te hablas a ti mismo (palabras)? ¿Te autocriticas? ¿Asesinas tu propio carácter y te llamas «gordo», «estúpido», «perezoso»? Cómo te hablas es más importante que cómo te tratas. Porque la forma en que te hablas determinará cómo te tratas. Las palabras se convierten en acciones más fácilmente que las acciones en palabras.

Todas esas formas en las que no te estás apoyando y hablando a ti mismo son las formas en las que deberías apoyar y hablar a las personas que amas. Eso es lo que tienes que trabajar.

Engrasa la máquina o tu motor vital no se moverá

Vamos a desglosar la relación que tienes contigo mismo en tres simples categorías: tu cuerpo, tu mente y tu alma. Para tener una mejor relación contigo mismo, empieza por alimentar y conectar con estas tres áreas. Imagina tu mente, tu cuerpo y tu alma como los pistones de un motor. Todos tienen que bombear juntos para que el motor avance. Si uno de los pistones no funciona, el motor se atasca. Pero si todos tienen lo que necesitan, entonces el motor avanza. Y si haces esto durante el tiempo suficiente, es cuando las cosas realmente se aceleran. Todo fluye. Y empiezas a gustarte a ti mismo.

Veamos ahora cada categoría.

¿Cómo estás tratando a tu cuerpo?

Tu cuerpo no es un templo. Deja de considerarlo tan preciado y delicado. Es maleable, adaptable y flexible. Está destinado a romperse para volver a crecer más fuerte. Estamos destinados a movernos. Cada. Día. (Mi reconocimiento a los días de descanso y a escuchar a tu cuerpo y a saber cuánto hay que forzarlo y cuánto no. Pero estoy priorizando el mensaje sobre moverse todos los días porque la mayoría de nosotros no nos movemos lo suficiente).

En lugar de esforzarnos, encontramos excusas. Nos volvemos perezosos. Hasta que nos vemos en el espejo y nos damos cuenta de que tenemos que hacer algo. O tenemos ese momento, tumbados en la cama después de tener sexo mecánico, en el que nos damos cuenta de que nuestra relación tóxica con nuestro cuerpo no sólo afecta a nuestra vida, sino a la de nuestra pareja y a la intimidad de nuestra vida en común. Es entonces cuando trazamos el límite. Hacemos dietas extremas y desintoxicaciones y nos sometemos a rigurosos entrenamientos que nos hacen maldecir el día en que nacimos. Porque sentimos que tenemos que hacerlo. Y cuando sentimos que tenemos que hacer algo, nunca dura. Seguimos poniendo parches al problema en lugar de encontrar la verdadera manera de sanar, crecer y transformarnos.

La cuestión es la siguiente: lo que necesitamos no es motivarnos para hacer ejercicio o encontrar la dieta perfecta. Lo que necesitamos es construir una mejor relación con nuestros cuerpos. No cuidamos nuestros cuerpos porque tenemos una mala relación con ellos. No valoramos nuestros cuerpos como las máquinas milagrosas que son. En lugar de ello, los apartamos, los rechazamos, nos separamos de ellos. O, en el otro extremo, vemos nuestro cuerpo sólo en relación con nuestro atractivo sexual. Medimos nuestro valor por la forma de nuestra espalda, nuestro trasero y nuestras piernas.

Cualquiera de estas visiones del cuerpo es una forma de desconexión de uno mismo. Por eso la relación con tu cuerpo es lo más importante. Una relación sana con tu cuerpo te dará equilibrio y permiso para ser tú mismo. La relación no depende de tu aspecto, y no te hundes en un pozo de vergüenza cuando crees que no estás a la altura. No te sientes obligado a hacer ejercicio ni a comer bien. El ejercicio regular y la buena alimentación son los subproductos de la relación saludable que has construido contigo mismo. En lugar de ir de un extremo al otro, tienes una relación con tu cuerpo que es sostenible y estable.

Es hora de centrarse en construir una mejor relación con tu cuerpo. Entonces, ¿cómo conseguimos que tratar mejor a tu cuerpo se convierta en una forma de vida en lugar de una lucha diaria?

PASO 1: ACEPTA TU CUERPO

Todo comienza con la aceptación. Esto es así para todos los aspectos de la vida, incluida la relación con tu cuerpo. Dondequiera que estés es donde estás. Esto no significa que no quieras cambiar tu cuerpo. Sólo significa que tu cuerpo es tu cuerpo y que lo aceptas como algo propio. Ya no lo rechazas. Se acabó el odiarlo. Se acabó el desear tener el cuerpo de otra persona.

Todo el mundo tiene inseguridades físicas. Y si dicen que no las tienen, o mienten o jamás han estado expuestos a la publicidad. Yo tengo muchas inseguridades. Me gustaría ser unos centímetros más alto. Me encantaría hacer desaparecer los flotadores de mi cintura. Mis piernas son demasiado cortas. Mis muñecas son demasiado finas. Mi nariz es demasiado ancha. Y así en un bucle infinito. Pero he aceptado mi cuerpo. Es mío. Puedo trabajar con él. Y hay partes que puedo cambiar. Puedo construir un cuerpo mejor, un cuerpo más fuerte, pero sólo si lo acepto primero. Así es como empieza todo.

PASO 2: SUMÉRGETE EN TU CUERPO

Observa, siente y sé consciente de tu cuerpo.

La mayoría de las personas ven su propio cuerpo desde fuera, especialmente las mujeres, así que empecemos por ellas. Como mujer, aprendes a una edad temprana que tu cuerpo tiene algún tipo de valor externo. Cuando eras una niña, comparabas tu cuerpo con el de las chicas que se desarrollaban más rápido y pensabas que el tuyo no funcionaba bien. Te fijabas en la atención que recibían ellas y veías que tú no la tenías. Creías que eras menos que ellas. O te desarrollabas demasiado rápido y no te gustaba la atención que recibías, así que tapabas tu cuerpo. Lo ocultabas. Lo odiabas. Tu cuerpo llamaba la atención, de una forma que no querías o para la que no estabas preparada. A esto hay que añadir las constantes presiones de las revistas, los anuncios y las parejas insensibles, que te taladraban la cabeza con su concepto de «belleza». Puede que pensaras que tu propia idea de la belleza se basaba en tus propias «preferencias», pero esas preferencias se desarrollaron a partir de la exposición a las imágenes distorsionadas de la belleza en los medios de comunicación, las revistas, el porno o cualquier otra cosa a la que estuvieras expuesta. Vayas donde vayas, en todo lo que ves, hay presión para tener un aspecto determinado. Por eso es muy normal que haya tantas mujeres con dismorfia corporal y trastornos alimenticios. Nunca pueden cumplir las expectativas irreales con las que las bombardean. Es muy fácil sentirse fea en nuestro mundo.

Para responder a estas presiones, llegas a ver a tu cuerpo como un objeto, como algo externo a ti. Está ahí para llamar la atención, ya sea positiva o negativamente. Así que siempre estás en alerta, en modo de autoprotección. Siempre mirando por encima del hombro. Consciente de tu espacio y de tus límites. Desviando las miradas inapropiadas. Estás en un constante estado de lucha o huida, de forma más o menos directa, que te impide conectar con tu cuerpo. Tu cuerpo ya no es un amigo. Es el enemigo.

Los hombres también se definen por su cuerpo. Comienza con la idolatría de los superhéroes, y eso nos sigue hasta los vestuarios, el campo de fútbol, la cancha de baloncesto o el diamante de béisbol. Si no tenemos músculos, se nos considera débiles. A lo mejor no es fuerza física lo que nos falta, sino capacidad física. Nos damos cuenta de la atención que reciben los chicos cuando saben patinar, surfear, lanzar o hacer placajes. Si no tenemos esas mismas habilidades, somos los últimos a los que eligen para formar equipo. E interiorizamos la creencia de que nuestra falta de habilidad física nos hace peores que al resto.

No, no recibimos tanta presión de la sociedad y de la publicidad como las mujeres. Pero sí la recibimos de otros hombres. Y del porno. Interiorizamos las imágenes y las expectativas sobre el tamaño del pene, el rendimiento, los tipos de cuerpo. Las estrellas del porno solían ser regordetas y con bigote. Ahora parecen mariscales de campo dotados generosamente. Este lavado de cerebro contamina nuestro sentido de la valía y nuestras relaciones, dañando a las personas que más nos importan. Vamos a tomar un desvío para ver cómo se da todo esto en la vida real.

Hasta la Mujer Maravilla se quita los brazaletes de vez en cuando

Anna era una atleta fuera de serie. Participaba en competiciones de *crossfit*, carreras Spartan y triatlones. Su cuerpo era una jodida máquina. También era madre, esposa y propietaria de un Cross-Fit Box, esos grandes espacios para practicar *crossfit*, que había forjado una comunidad increíble. Todo el mundo la veía como la Mujer Maravilla. Era trabajadora y humilde, y lo que conseguía lo compartía con su comunidad.

Vino a verme como lo que yo llamo un cliente de «servicio único», un cliente que sólo quiere una sesión. O, en el caso de Anna, una «puesta a punto». Dijo que no había nada malo en su vida. Sólo quería asegurarse de que estaba mentalmente bien. Se acercaba el CrossFit Open, una competición mundial de *fitness*, y quería asegurarse de que tenía la cabeza en su lugar.

Pero cuando empezamos a hablar de su vida, se derrumbó. Admitió que no era feliz. En teoría, todo le iba muy bien. No había «lagunas» en su vida. Tenía una relación sólida con su marido. Su hija se estaba «convirtiendo en una pequeña y preciosa personita humana». Le encantaba su trabajo. Tenía buenos amigos. Nada parecía ir mal. Pero se sentía vacía y no podía entender por qué. Después de muchas sesiones (porque nadie acude realmente una sola vez), se dio cuenta de que estaba completamente desconectada de su cuerpo.

Podríamos pensar que ningún colectivo está más conectado con su cuerpo que los deportistas. Yo ciertamente lo pensaba. Pero para Anna no era así. Veía su cuerpo como una máquina, como algo externo a ella. Un vehículo, o un contenedor aparte. Una herramienta para lograr cosas. Y, por supuesto, esta visión la desconectaba de sí misma porque le impedía entrar realmente en su cuerpo. Para ella, no había unidad de cuerpo, mente y alma porque no escuchaba a su cuerpo. Su cuerpo la escuchaba a ella. Y sí, considerando sólo su rendimiento, eso producía unos resultados de *fitness* asombrosos. Pero al cortar su conexión consigo misma, había creado una relación tóxica.

Esa desconexión entre la propia Anna y su cuerpo comenzó en la secundaria. No era una estrella del atletismo ni la capitana del equipo de natación. De hecho, no practicaba ningún deporte. Pesaba muy poco y luchaba contra un trastorno alimenticio. Tenía una vida familiar caótica y lo único que podía controlar era lo que comía. Después, al hacerse mayor, se pasó al otro extremo: de morirse de hambre a darse atracones. Desde fuera, parecía haber superado su trastorno alimenticio y se había convertido en una atleta increíble. Y ella misma se lo creía. Pero en nuestras sesiones se dio cuenta de que su proceso interno no había cambiado. Seguía luchando con la expresión de sus sentimientos, con el pensamiento de «todo o nada» y con el comportamiento extremo, las mismas luchas que había tenido en la escuela secundaria. Su infelicidad provenía de los mismos problemas que siempre había tenido.

Decidió no participar en el CrossFit Open de ese año. La Mujer Maravilla se quitó los brazaletes. Fue una de las decisiones más difíciles que había tomado. Tuvo que enfrentarse no sólo a su decepción por no participar en la competición, sino también a la sensación de que estaba defraudando a su comunidad y dejando de lado su identidad en el proceso. Pero si no se sinceraba consigo misma, sería un fraude.

Así que Anna comenzó una nueva relación con su cuerpo. Por primera vez en su vida, se dejó llevar por su cuerpo. Lo escuchó en lugar de decirle lo que tenía que hacer. Se permitió sentir sus sentimientos por primera vez en su vida y empezó a expresarlos. Le costó mucho luchar contra años de programación, pero abordó el sumergirse en su cuerpo como un entrenamiento, un entrenamiento emocional en lugar de físico.

Cuando les contó a su comunidad y a su marido lo que estaba haciendo, todos la apoyaron. Cuanto más se conectaba, aceptaba y se dejaba llevar por su cuerpo, más feliz se sentía. La presión de ser una superheroína desapareció y se quitó de encima el enorme peso que llevaba desde los quince años. La gente quería y admiraba a Anna por ser Anna, no por lo que su cuerpo podía hacer. La Mujer Maravilla se dio cuenta de que en realidad no necesitaba los brazaletes.

Sumergirte en tu cuerpo es el proceso de convertirte en una persona completa. Es aceptarte a ti mismo en acción. No puedes conocerte a ti mismo si no te sumerges en tu cuerpo. Es tu cuerpo el que tiene las respuestas, no tu mente.

Como práctica diaria, observa la sensación de tus pies descalzos al tocar el suelo por la mañana. El peso de tu cuerpo al estar de pie. El crujido de tus huesos. La fuerza de tu columna vertebral. Observa qué siente tu cuerpo bajo el agua fría. O bajo el agua caliente. Observa tu respiración y cómo se siente tu cuerpo cuando te concentras en ella. Observa la tensión de tu cuerpo. Nota la soltura.

Siente cómo el café caliente baja por tu garganta y nota cómo hace sentir a tu cuerpo. Observa cómo agarras el volante. Nota las sensaciones de tu cuerpo mientras escuchas música o un *podcast*. O cuando alguien te corta el paso. Fíjate en lo que se te pasa por la cabeza cuando estás frenado durante la hora pico de tráfico, pero lo más importante es que te des cuenta de cómo se siente tu cuerpo con cada pensamiento.

Observa tu cuerpo cuando te relacionas con diferentes personas a lo largo del día. ¿Quién te pone tenso? ¿A qué se debe? ¿Quién te tranquiliza? ¿Qué es lo que te tranquiliza de ellos? Observa la energía de los demás y la forma en que sientes su energía en tu cuerpo. Fíjate en tu propia energía cuando te ríes, en la forma de las líneas de tu cara. Qué ocurre cuando te sientes estresado. Qué ocurre cuando llega el bajón de la tarde y te pesan los párpados. Fíjate en los sabores de tu boca cuando almuerzas. Nota cómo se siente tu cuerpo si comes rápido. Nota la hinchazón de tu estómago. O el alivio de que la hinchazón desaparezca. Nota cómo se siente tu cuerpo durante ciertas conversaciones.

Siente tu cuerpo mientras pedaleas en la bicicleta o haces un *burpee* o te pones en postura de perro boca abajo. Siente tus piernas. Los brazos. Tus articulaciones. Siente el estiramiento de tu espalda. Nota cómo se siente tu cuerpo cuando empiezas a sudar y te cuesta cada vez más respirar. Nota dónde se tensa tu cuerpo. Dónde se siente bien. Nota cómo se siente tu cuerpo después del entrenamiento. Siente el calor que irradia tu cuello. Observa cómo caminas. ¿Estás más alto? ¿Sientes el cuerpo más ligero? ¿Te sientes más fuerte?

¿Realmente alguien hace esto? Por supuesto que no. Principalmente porque estamos pensando todo el tiempo. Es decir, ¿quién tiene tiempo para fijarse en cómo se siente su cuerpo cada minuto del día? Pero si no te esfuerzas en hacerlo, siempre estarás desconectado de tu cuerpo. Vivir en tu cabeza y guiarte por la lógica te impide estar presente. El aquí y el ahora es donde se vive la vida, y la forma de llegar allí es a través de tu cuerpo, no de tu mente. No puedes pensar la vida. La vives sintiéndola. Para volver a conectarte con tu cuerpo, tienes que reajustar tu configuración por defecto de pensar a ser. Como una práctica diaria. Al principio puede resultar incómodo porque no estás acostumbrado. Después de todo, estás cambiando años y años de configuración mental. Pero con la práctica, ser en lugar de pensar será más fácil.

Si no te dejas llevar por tu cuerpo, no podrás estar en contacto con lo que intenta decirte. No estarás en sintonía con la sensación que tienes cuando sabes que estás tomando la decisión equivocada. O cuando tomas la correcta. No sentirás plenamente lo que otra persona te hace sentir. No sentirás lo que quieres o no quieres. Tu cuerpo es un sistema de radar que te guía en tu viaje. Es donde viven tu intuición, tu alma y tu verdad. Si no te sumerges en tu cuerpo, lo aceptas, lo escuchas y lo sientes, no te conocerás ni te gustarás. Tomarás decisiones que no son sinceras para ti. Te convertirás en un caparazón andante.

Muévete con tu cuerpo

Para establecer una relación sana con el cuerpo, hay que aceptarlo, dejarse llevar por él y escucharlo. Pero ése es sólo el principio. La relación con tu cuerpo también se construye moviéndote con él, estirándolo, empujándolo más allá de lo que crees que es capaz de hacer. Ese viaje produce confianza y nuevas creencias sobre lo que puedes hacer. Puedes pensar que Anna movió mucho su cuerpo. Sí, pero ¿se movió *con* su cuerpo o sólo lo movió? Hay una gran diferencia. Sólo uno de ellos lleva a la conexión con uno mismo.

¿Cuál es la diferencia entre mover tu cuerpo y moverte con tu cuerpo? Te mueves con tu cuerpo cuando haces cosas que tu cuerpo disfruta y también necesita. No si te mueves de una manera determinada porque es popular, o porque simplemente quieres verte mejor desnudo. Moverte de la manera que tu cuerpo disfruta y que necesita puede significar cambiar tu forma física haciendo cosas diferentes, o cambiar tu dieta comiendo alimentos diferentes, dependiendo de lo que tu cuerpo quiera y necesite. Sólo tú conoces tu relación con tu cuerpo, así que tienes que ser realmente sincero contigo mismo.

Además, no se trata sólo de moverse fuera de casa. También se trata de mover el cuerpo en tu propio dormitorio. ¿Sólo mueves tu cuerpo durante el sexo o sólo te mueves por tu pareja? ¿O te mueves *con* tu cuerpo? ¿Te mueves para darle a tu cuerpo lo que quiere y necesita? ¿El sexo es mecánico y predecible? ¿Mueves tu cuerpo de la misma manera que lo has hecho desde la secundaria? ¿Te mueves de la manera que crees que tu pareja quiere o te mueves de la manera que te hace sentir bien a ti? ¿Te mueves por inercia? ¿O estás satisfaciendo tus necesidades y deseos sexuales escuchando lo que tu cuerpo quiere, desea y anhela? No se trata sólo de que el sexo mejore. Se trata de que haya una mayor conexión. Primero contigo mismo y luego con la otra persona.

Cuando era más joven, me movía con mi cuerpo cuando bailaba *breakdance* o patinaba. Luego, a los veinte años, pasé mucho tiempo moviendo mi cuerpo en el gimnasio. Lo hacía por razones puramente estéticas. Estaba completamente desconectado de mi cuerpo y sólo quería tener un buen aspecto. Luego, en la treintena, cuando estaba renaciendo, encontré el *crossfit* y me obsesioné con él. Por primera vez en mucho tiempo, volví a moverme con mi cuerpo. Me hizo sentir vivo y me conectó con aquel niño de doce años que daba vueltas sobre su cabeza todos los días después del colegio.

El *crossfit* fue prácticamente todo lo que hice durante casi una década. Cuando empecé, me movía con mi cuerpo. Pero después de una década, sólo movía mi cuerpo. Mi cuerpo pedía algo nuevo y diferente, pero no lo escuché. Hasta hace poco. Hoy sigo haciendo *crossfit*, pero sólo una o dos veces por semana. También tomo clases de *sprint*, hago yoga de vez en cuando, camino, hago entrenamiento de fuerza y nado cuando puedo. También monto en moto casi todos los días, lo que considero un movimiento con mi cuerpo, ya que me conecta conmigo mismo.

La actividad no importa. Lo que importa es que escuches y te conectes con tu cuerpo a través del movimiento. Tienes que disfrutar del movimiento. Si no lo haces, no te conectarás. Te limitarás a realizar los movimientos. Dicho esto, tienes que desafiarte a ti mismo y explorar un poco. Y para explorar, hay que superar la incomodidad y probar cosas nuevas. No se puede comer lo mismo toda la vida y esperar encontrar el mismo placer día tras día. No cambiar nunca el menú puede ser cómodo, pero incluso lo cómodo puede resultar vacío. El disfrute está ahí para ser encontrado y descubierto. Vive más allá de las rompientes, y hay que nadar hasta allí para encontrarlo. Es en la natación donde encontrarás nuevas conexiones y establecerás una nueva relación con tu cuerpo. Creerás que puedes hacer algo diferente, que eres bueno en algo que no sabías que podías hacer bien. Esto cambiará tus creencias, reforzará tu autoestima y, lo más importante, te conectará de nuevo contigo mismo.

Estableces una relación más sana con tu cuerpo aceptándolo, dejándote llevar por él y moviéndote con él. No una sola vez, sino convirtiéndolo en un estilo de vida.

Cómo tratar mejor a tu mente

Según el experto en neurociencia y autor *bestseller*, el Dr. Joe Dispenza, tenemos aproximadamente sesenta mil pensamientos al día. La mayoría de esos pensamientos no sólo son negativos, sino que son los mismos que tuvimos ayer. Así que, además de nadar en nuestra propia mierda, también vivimos en el pasado. Piensa realmente en esto. Lo cambia todo. Los mismos pensamientos producen los mismos sentimientos, que producen el mismo comportamiento, que lleva a las mismas experiencias. Y voy a dar un paso más. Tener las mismas experiencias consolida las mismas falsas creencias. Básicamente, vivimos en un bucle, un patrón que nos mantiene atascados y desconectados, no sólo de nosotros mismos, sino también del mundo.

La mayoría de nosotros tratamos mal a nuestra mente al permitir que este bucle continúe sin interrupción, hundiéndonos cada vez más en nuestras propias arenas movedizas mentales. Seguirá siendo nuestro defecto natural a menos que hagamos algo al respecto. Pero antes de entrar en los pasos que puedes dar para tratar mejor a tu mente y salir de tus arenas movedizas mentales, quiero señalar algo en lo que quizá no hayas pensado antes. A mí me ha ayudado muchísimo: es el hecho de que esas voces negativas no te pertenecen.

¡Mamá, has ganado la puta lotería!

Al conectarme más conmigo mismo, sentí que también debía conectarme más con mi familia. Voy a reformularlo: a medida que me conectaba más conmigo mismo, sentía que tenía más herramientas para conectarme con mi familia. Mis padres vivían a sólo veinte minutos de mí y, sin embargo, nunca los veía. Así que decidí hacer un esfuerzo. Ahora era un hombre nuevo. Nos reuníamos una vez al mes en un Sizzler en Glendale. No sé qué tienen los Sizzler, pero a los coreanos les encantan.

La primera vez que me senté con mis padres me entró el pánico, como si me hubieran sumergido en un baño de hielo. Pero había decidido utilizarlos como ejercicio para aprender a no volver a ser el viejo y reactivo John Kim. Tenía una idea. Quería probar algo nuevo. Decidí hacerle a mi madre una pregunta divertida, del tipo «¿preferirías...?» antes de que mi padre tuviera la oportunidad de azotarme con una hora de continuos regaños seguidos de un discurso de «vende tu moto y esto es lo que tienes que hacer con tu vida». Le pregunté a mi madre qué haría si ganara la lotería. Lo sé, la pregunta más genérica del mundo. Pero hay que recordar que yo no hablo mucho coreano y ellos no hablan mucho inglés, así que estamos hablando en un nivel muy básico.

La primera respuesta de mi madre fue quejarse de lo mucho que tiene que pagar de impuestos. Y fue entonces cuando me di cuenta. Es imposible que mi actitud ecuánime y rara vez emocionada por las buenas noticias, mi pensamiento de que el vaso no está sólo medio vacío, sino que está roto y es estúpido, sea sólo mía. Pienso así en gran parte porque he aprendido a hacerlo. Me lo transmitieron mis padres, mi educación y el entorno en el que crecí. Crecí en una casa del pánico: lo único que nos importaba era la cantidad de pollo frito que vendíamos (teníamos un Popeye's Chicken). La vida era blanca o negra. Buena si vendíamos mucho pollo. Mala si no lo hacíamos. Y sí, lo entiendo. Mis padres crecieron en la pobreza y sus diales mentales están permanentemente puestos en la supervivencia. Pero ahora sabía que el mío no tenía por qué estarlo.

Ahora puedo recordar momentos con mis padres y entender que la voz negativa en mi cabeza se desarrolló con el tiempo, y que me la transmitieron ellos. He aquí algunas conversaciones reales que tuvimos, tal y como yo las recuerdo.

UNA CONVERSACIÓN EN UN SIZZLER

John y sus padres han quedado como hacen una vez todos los meses. Sus padres están disfrutando de la barra libre de ensaladas. John no prueba bocado.

MAMÁ
¿Te gustan los *nerds*?

JOHN

¿Cómo?

MAMÁ

Que si te gustan los *nerds*.

JOHN

¿Los caramelos?

MAMÁ

¿Qué caramelos?

JOHN

¿De qué diablos estás hablando?

MAMÁ

Papá estuvo en el hospital y vio a unas *nerds* muy guapas.

JOHN

¡Ah, quieres decir *nurse*, enfermera!

MAMÁ

Sí.

JOHN

No voy a ir a una cita con alguien que papá conoció en el hospital.

MAMÁ

Trabaja allí. No paciente. Enfermera.

JOHN

¿Y qué?

MAMÁ

Ella cuidar de ti.

JOHN
No necesito que me cuide nadie.

MAMÁ
¿Y si tú daño?

JOHN
Tengo un seguro.

MAMÁ
Quiere conocerte.

JOHN
Le has dicho que era médico, ¿verdad?

MAMÁ
Fue papá.

JOHN
¡No soy médico! Soy terapeuta. Bueno, ni siquiera, aún estoy formándome para serlo.

PAPÁ (*engullendo un rollito*)
Es lo mismo.

OTRA CONVERSACIÓN EN SIZZLER
John y sus padres se ven para su reunión mensual. Sus padres están disfrutando de la barra libre de ensaladas. John no come.

PAPÁ
¿Sales con alguien?

JOHN
Salgo conmigo mismo.

PAPÁ
¿Cómo, tú gay?

JOHN
No, estoy creciendo.

PAPÁ
Tú cuarenta años. No crece más. Imposible.

JOHN
Treinta y siete.

MAMÁ
Tú tienes que hacer bebé.

JOHN
¿Y si no quiero?

MAMÁ
Tienes. Sólo así ser feliz.

JOHN
Quieres decir que sólo así *tú* serás feliz.

PAPÁ
Médico dice yo morir en cinco años.

JOHN
Eso lo dijiste hace cinco años.

PAPÁ
Nuevo médico.

Empecé a pensar en todos los factores externos que habían influido en mi mentalidad y forma de pensar. Pensé en los esquemas que tenía en la cabeza y si eran los adecuados para mí (de esto hablaremos más en el Segundo Acto). Aunque siempre tenemos pensamientos propios, nuestros profesores, padres, amigos, parejas y experiencias tóxicas han influido en ellos. Acabamos teniendo deseos que ni siquiera nos corresponden. Darme cuenta de esto fue como quitarme un gran peso de encima. Me hizo comprender que yo no tenía la culpa. Que no soy defectuoso. Que sólo soy un producto de donde crecí, de quien me crió y de lo que me ha pasado en la vida. Y me di cuenta de que podía mandar todo eso a la mierda y tener nuevos pensamientos, elegir mis propias formas de pensar.

Cómo hacerlo mejor

PASO 1: CONCIENCIA. ILUMINA TUS PENSAMIENTOS CON UNA LUZ NEGRA

La mayoría de nosotros no pensamos en cómo pensamos. La mayoría de nosotros no iluminamos con una luz negra nuestros pensamientos diarios. Simplemente los dejamos entrar y podemos ahogarnos en ellos. A veces nos consumen, nos controlan, nos ponen tensos y ansiosos, nos mantienen en un estado de pánico. Cuando esto ocurre, nos sacan del presente y empezamos a vivir en nuestra cabeza (en el pasado o en el futuro). Eso no es vivir realmente. Sólo es preocuparse mucho.

El primer paso es tomar conciencia de ello. Nota tus pensamientos. No los juzgues. Sólo practica el notarlos. Además, nota lo que siente tu cuerpo cuando tienes esos pensamientos. Nota. Nota. Nota. Observa tus pensamientos como si estuvieran a la deriva en un globo de nieve.

PASO 2: CUESTIONA TUS PENSAMIENTOS

Muchos de nuestros pensamientos están marcados por una lógica defectuosa y provienen del miedo. Nos quedamos en el pasado y nos preocupamos por el futuro. Exageramos, sacamos conclusiones precipitadas y reproducimos los recuerdos a través del viejo lente de lo que solíamos ser. Creamos historias porque tenemos miedo. Una y otra vez. Hasta que este tipo de pensamientos se convierten en nuestra forma de pensar por defecto, de forma instintiva. Pensar así se convierte en algo más que un hábito. Se convierte en una forma de vivir. O, en realidad, de no vivir. Todo lo que hacemos es levantarnos, beber demasiada cafeína y pensar mucho.

Rompe este patrón cuestionando tus pensamientos. ¿Hay verdad en ellos o están contaminados? Pon tus pensamientos a prueba. Ten presente que los pensamientos no son hechos. Sólo son pensamientos. Vendrán y se irán. No te apegues a ellos y permitas que se vuelvan tan pesados y negativos que te ahoguen.

PASO 3: DETECTA PATRONES REPETITIVOS EN TUS PENSAMIENTOS

¿Puedes discernir patrones en tu forma de pensar? ¿Sacas conclusiones precipitadas? ¿Te cuesta pensar en todo o en nada? ¿Supones que otra persona está pensando algo sobre ti cuando no es así? ¿En qué circunstancias lo haces? ¿Qué sentimientos desencadenan este tipo de pensamiento? Y lo que es más importante, ¿cómo se manifiestan en tu comportamiento los patrones que distorsionan tu pensamiento? ¿Rompes con tu pareja porque se ha olvidado de enviarte un mensaje de texto durante una hora? ¿Saboteas las oportunidades porque crees que no puedes hacer algo sin ninguna prueba real de que efectivamente no puedes? ¿Intentas arreglar cosas para personas que no te lo pidieron sólo para creer que eres valioso?

Tratar mejor a tu mente significa entender cómo funciona. Una vez que empieces a entender cómo tu pensamiento afecta a tu comportamiento, podrás actuar para corregir tanto tus patrones de pensamiento como tu comportamiento. Todo comienza con la comprensión. Sin ella, te limitarás a hacer un montón de cosas. Una vez que entiendas realmente tus patrones y su impacto en tu vida diaria y en tus elecciones, sabrás en qué tienes que trabajar.

Después de realizar estos tres pasos —conseguir ser consciente de tus pensamientos, cuestionar tus pensamientos y encontrar patrones en tus pensamientos— podrás retroceder y ver lo que está pasando. Ya no creerás que las cosas malas ocurren porque tienes mala suerte o eres defectuoso. Comprenderás que este pensamiento está distorsionado y es una reacción a falsas creencias sobre ti mismo. Una vez que veas el proceso, puedes elegir arreglarlo deteniéndolo. Cuando notes tu pensamiento distorsionado o tus falsas creencias o tu miedo, en lugar de reaccionar, puedes evaluar. Ahora sabes que hay un camino diferente y puedes elegir tomarlo respondiendo de forma diferente. Al hacerlo, te das una nueva experiencia, y cuantas más experiencias nuevas te des a ti mismo, más pistas nuevas crearás.

Ya sabes que seguir una dieta sana y hacer ejercicio con regularidad puede transformar tu cuerpo. La parte difícil, por supuesto, es hacer realmente esas cosas. Lo mismo ocurre con la transformación de tus pensamientos arraigados, tu pensamiento distorsionado y tus falsas creencias. Esos viejos hábitos de pensamiento son profundos, y no puedes cambiarlos simplemente leyendo algo o deseando que cambien. Como he mencionado antes, la transformación requiere una práctica diaria. El objetivo es llegar a un punto en el que empieces a notar una diferencia. Y tienes que creer que tu nueva práctica funcionará, porque si no, no lo harás.

Separar para conectar

A veces, nuestros pensamientos no vienen solos. Vienen en series. Son episódicos. Cuentan historias que nos llevan a pozos oscuros y profundos de los que no podemos salir. Nos comemos la cabeza con los mismos pensamientos y con las mismas historias una y otra vez, como discos rayados. Nuestro mundo acaba reduciéndose a unos pocos metros mientras vivimos en las trincheras de nuestra mente. No podemos ver nada más allá de las distorsiones mentales producto de nuestra forma de pensar defectuosa. No podemos ver la verdad ni las posibilidades futuras. En cambio, sólo vemos lo que fue y lo que no pudo ser. Si repites este patrón durante mucho tiempo, empiezas a perder la esperanza. El cielo se nubla. Ya no tienes motivación para levantarte por la mañana. Y perder la esperanza y el consuelo es una vía rápida hacia la depresión.

Pero hay esperanza. Puedes tomar aire y dar un gran paso hacia atrás. Puedes observarte, desligarte de tus pensamientos y dejar espacio para las revelaciones. Separarte de tus pensamientos erróneos es, en realidad, una muy buena manera de volver a conectarte contigo mismo. En cuanto pones distancia, puedes observarte y saber mejor cómo funcionas. Puedes ver la verdad, sin pensamientos negativos o planteamientos defectuosos que la distorsionen.

Por eso la meditación es tan importante hoy en día en la cultura occidental (en Oriente se practica desde hace muchísimo tiempo). La meditación te permite crear ese espacio. Su práctica te permite liberar los pensamientos a los que antes estabas anclado. En lugar de reaccionar a tus pensamientos, ahora puedes dejarlos fluir. Puedes soltarlos y optar por responder (la elección poderosa) en lugar de reaccionar (la elección sin poder). Es la diferencia entre estar en el ojo del huracán, donde hay calma y puedes ver lo que está pasando, o estar en el borde, donde giras vertiginosamente como si fueras un muñeco sin vida propia. Al convertir el separarte de tus pensamientos en una práctica, en un estilo de vida, puedes vivir en ese ojo.

En cuanto marcas distancia con tus pensamientos, puedes verte a ti mismo como un experimento. Puedes sentir las cosas en lugar de juzgarlas. Y ahí es donde realmente puedes ver cambios.

Mi primer ángel de sudor

Llevaba ya un año practicando *crossfit*. Estaba preparado para exigirme cada vez más a mí mismo y afrontar entrenamientos que se parecieran más a las pruebas. Al igual que los cinturones en las artes marciales, estos entrenamientos ponen a prueba tu estado físico según tu puntuación. Conservas esa puntuación (cinturón) hasta la próxima vez que se realice el entrenamiento. Uno de estos entrenamientos, llamado *Fight Gone Bad* (algo así como «la pelea que se descontroló»), se creó para el luchador de Artes Marciales Mixtas B. J. Penn como una simulación de lo que se sentiría después de una pelea. Los movimientos incluyen pelotas de pared, empujar pesas, remo, saltos de caja y levantamientos muertos de sumo. El peso es bastante ligero, pero tú acabas como un peso muerto. Cada repetición es un punto, y el objetivo es conseguir tantos puntos como sea posible en menos de una cierta cantidad de tiempo. Todo lo que esté por encima de 350 es una gran puntuación. En mi centro de *crossfit*, eso te sitúa entre los cinco primeros. Así que ése era mi objetivo.

No lo sentí como una pelea. Más bien fue como ser asaltado por una pandilla. La primera ronda no fue más que pánico y miedo. En la segunda ronda me cuestioné todo. Creo que incluso me cuestioné por qué había venido a este país. Entonces, en algún momento de la tercera ronda, abandoné mi mente y me metí en mi cuerpo. Me desprendí de todos mis pensamientos negativos y patrones de pensamiento. Empecé a centrarme en la sensación de los movimientos y a moverme a través de ellos como si fuera una danza. Estaba fuera de mi cabeza y dentro de mi cuerpo.

Dicen que tu mente te detiene mucho antes que tu cuerpo. Esto significa que siempre puedes esforzarte físicamente mucho más de lo que crees que puedes. Al entrar en tu cuerpo, puedes alcanzar un estado fluido y rendir a tu nivel óptimo. Cuando los atletas establecen récords mundiales, puedo prometerte que no están pensando en sus impuestos o en la pelea que tuvieron con su novia la noche anterior. No están pensando en nada. Están desconectados, totalmente comprometidos y presentes.

Ese día no dejé que mi mente me detuviera. Me desconecté de ella.

Siempre sudo cuando hago un entrenamiento de *crossfit* —goteo como si me meara en los pantalones—, pero ésa fue la primera vez que realmente dejé un ángel de sudor en el suelo. Creo que mi puntuación fue de alrededor de 300. Pero ésa no fue la victoria. La gran victoria para mí fue la revelación en el camino a casa. Si te ves a ti mismo como un experimento y te distancias de tu pensamiento para impedir que tus pensamientos tengan poder sobre ti, puedes hacer más de lo que crees.

Alimento para tu pensamiento: alimenta tu cerebro

El tratamiento de nuestra mente no consiste sólo en cambiar nuestros pensamientos y nuestra forma de pensar. En el mundo actual, nuestras mentes tienen que lidiar con más ruido que nunca. Y nos llega desde todas partes, en todo momento. En nuestro mundo llueve información. El *clickbait*, o ciberanzuelo, se ha convertido en el nuevo entretenimiento, ya sea que nos lleve a una entrada de blog controvertida, a un video impactante o incluso a un video gracioso de un gato. Porque un video gracioso de gatos se convierte en cincuenta, y de repente hemos perdido dos horas de nuestra vida. Y esto no sólo ocurre de vez en cuando. Se ha convertido en un hábito diario. El *clickbait* nos da un subidón de dopamina al hacernos reír o entretenernos con el mismo subidón que nos dan las películas de terror. Pero no son películas. Estos videos nos muestran la vida real. Por eso, tal vez no consideres que el hábito sea tan perjudicial como el de darse un atracón de televisión. Pero es tan malo como la televisión, si no peor, porque está en todas partes y nunca termina. Muerte por mil cortes de papel.

Tu mente es tan importante como tu estómago. Si la alimentas con mierda, te sentirás mal. Trata bien a tu mente alimentándola con cosas buenas. Es hora de consumir lo que te enriquecerá como individuo.

Vamos a desglosarlo.

INTERNET Y LAS REDES SOCIALES

Internet y las redes sociales pueden ser herramientas increíbles para construir una versión más potente de ti mismo. Pero tienes que poner atención en el uso de estas herramientas. No puedes limitarte a desplazarte por ellas y publicar lo que comes. Utiliza las redes sociales como una herramienta para compartir tu historia y encontrar tu voz. Utilízalas para practicar la vulnerabilidad. Para mostrarte a ti mismo. Decide qué cosas te resultan cómodas de compartir y qué no vas a compartir. Pero también sé valiente: cuando los demás se relacionan con tu historia, ésta es más grande que tú. Al compartirla, estás aceptando tu historia en lugar de arrancar los capítulos que no te gustan. Compartir tu historia te da poder, es una forma de volver a conectarte contigo mismo, de aceptarte.

Utiliza las redes sociales para encontrar comunidades y crear diálogos sobre algo que te apasione. Detrás de esos perfiles hay personas reales con historias reales. Utiliza las redes sociales para encontrar a tu tribu y sentirte menos solo en el mundo. Pero sé exigente con quién y qué sigues. Es fácil distraerse con contenidos sin sentido y chismorrear. Es fácil ahogarse en la negatividad en línea, tanto en el contenido como en los comentarios de la gente. La negatividad puede tomarte como rehén y hacerte ver el mundo peor de lo que es. Recuerda que lo que alimentas crecerá. Si no ves más que lo que está mal en el mundo, no querrás salir de tu casa ni tener hijos.

PODCASTS

Los *podcasts* son la nueva radio. Elige un *podcast* que estimule tu cerebro, con episodios que creen un diálogo sobre temas que te apasionan. Que te hagan pensar, que te inspiren y motiven, que te conviertan en un ser humano más inteligente y mejor. Aprendemos a través de nuestras historias. Escucha historias increíbles de personas increíbles. No hay nada más inspirador que el arco de personalidad, el desarrollo a través del tiempo de una persona. Escucha tus historias favoritas y te darás cuenta de que tú también tienes un arco de personalidad. Saber esto significa que vas a alguna parte. Tú importas. Tienes una historia como todas las que escuchas en los *podcasts*. Tal vez puedas empezar tu propio *podcast*.

AUDIOLIBROS

A ver, lo confieso: no leo. No sé si es el déficit de atención o qué, pero a las diez páginas, me desconecto de la historia.

Siempre ha sido un problema, y un problema vergonzoso. Gracias a Dios por la invención del audiolibro. Porque puedo escuchar bien. Todo lo que escucho se me pega. Probablemente sea porque soy terapeuta. Así que consumo un libro o dos a la semana. Escucho sobre todo libros de superación personal y filosofía, pero también de otros temas, desde relaciones hasta sexualidad, pasando por la espiritualidad, el *mindfulness*, la adicción, la mentalidad o temas logísticos como la estructuración del día. Depende de en qué momento de mi vida me encuentre y de lo que sienta que necesito aprender. Escucho cualquier cosa que me ayude a conocerme mejor, haciendo malabares con un par de audiolibros a la vez.

Buscar cosas en Internet no es tan potente como leer o escuchar libros. Los libros son más que información. Tienen historias, voz y perspectiva. Son personales y dejan una huella mucho mayor que la que dejará Google. He aprendido más de los audiolibros que de toda mi educación tradicional junta. Realmente han cambiado mi vida. Ahora alimento mi cerebro «leyendo» constantemente.

Conecta contigo mismo tratando mejor a tu mente. Incorpora los libros, de audio o impresos, a tu vida diaria. Los libros te hacen mejor persona. Te lo prometo.

Encontré mi alma mientras cagaba en el bosque

El deseo de conocer tu alma calmará todos los demás deseos.

—RUMI

Ahora estás alimentando tu mente. ¿También estás alimentando tu alma? ¿La estás escuchando? ¿La respetas? ¿Le das lo que necesita? ¿Lo has hecho alguna vez? Yo no lo hice hasta los treinta y cinco años. Ni siquiera sabía que tenía un alma. Ésta es la pieza más importante. ¿Por qué? Porque el alma es la parte de nosotros que olvidamos. La mente y el cuerpo vienen juntos, un paquete. Pero no pensamos en nuestra alma. La dejamos en un estante en algún lugar. La ignoramos porque pensamos que es un extra, algo que alimentaremos cuando tengamos «éxito». De lo que no nos damos cuenta es de que no alimentar nuestra alma nos impide llegar a existir realmente.

Se balanceó como un Tarzán hasta arriba de *crack* mientras saltaba al lago. Sacó la cabeza de debajo del agua y gritó: «Está caliente. Es increíble». Yo era el siguiente en la fila. La cuerda se balanceó hacia mí como si fuera una liana de Dios. Me agarré a ella como si me fuera la vida en ello y salí volando por encima del agua como un mono, dándome cuenta rápidamente de que el cabrón estaba mintiendo. El agua estaba helada. Saboreé mis testículos mientras salían disparados hacia mi boca. Grité mientras me dirigía a las rocas, donde otros doce hombres se quitaban sus equipos de motos de *cross* para tomar su turno, y sentí un tipo de amor que no había sentido en mucho tiempo. Verás, esta travesura había que ganársela, o simplemente habría sido molesta en lugar de una expresión de unión. Habíamos necesitado siete días para ganárnosla, en el bosque, hogueras, motos de *cross* y tipos actuando de manera auténtica, sin poses ni intentos de demostrar nada.

No me crié como otros niños. No tuve un padre que me llevara a pescar y acampar. Nunca me uní a los Boy Scouts, nunca aprendí a atar cuerdas y a hacer hogueras. Mis padres siempre estaban trabajando. Me crié sobre cemento. En monopatín y girando sobre mi cabeza. Me da miedo la naturaleza. Me aterrorizan los animales. Sólo he ido de campamento dos veces y las dos veces he llevado un secador de pelo. Así que cuando mi amigo me invitó a ir de campamento durante siete días, sentí una resistencia instantánea. Normalmente, me habría negado, pero era su despedida de soltero. No podía decir que no. Fuimos de Sequoia a Yosemite en motos de *cross* y acampamos bajo las estrellas. Era mi primer viaje de hombres y la primera vez que me subía a una moto de *cross*.

No me di cuenta hasta el final del viaje. Salíamos de un largo túnel después de cientos de kilómetros sobre rocas, agua y árboles caídos. Nos dolían los huesos. Nuestros cuerpos estaban cansados y nuestros ojos llenos de suciedad. Al final del túnel estaba la entrada a Yosemite. La línea de llegada. Cuando salíamos del túnel, vimos a un hombre asiático mayor en el borde de la carretera, de pie sobre una roca y agitando una bandera estadounidense hacia nosotros. Era muy extraño, casi como si supiera que veníamos. Todo pasó en cámara lenta (pero literalmente: busca en Google «Makes you better Yosemite moto» para que lo veas). Me recordó a mi padre, que había fallecido recientemente.

Mi padre llegó a este país con dos hijos, una esposa, quinientos dólares y una pasión implacable por vivir el sueño americano. Pero todo lo que hizo en América fue trabajar, tirando cables de teléfono. Sí, tenía algunos amigos con los que jugaba al billar y bebía soju. Pero no hizo nada para alimentar su alma. No había tal cosa como el autocuidado en su vida. Sólo se dedicaba a trabajar. Como mi madre. Al menos tenía amigos. Mi madre nunca tuvo amigos. Sólo trabajaba y se aseguraba de que sus hijos tuvieran cosas geniales para que no se burlaran de ellos en la escuela.

Mi padre se pasó toda su vida americana instalando cableado de teléfono. Mi madre hacía hamburguesas y pollo frito. Quizás por eso, la palabra «alma» no estaba en mi vocabulario. Para mí, era algo raro. Nunca había visto ninguna. En mi familia, al menos, no. Mis padres siguieron esa bandera ondeante y los llevo hasta aquí. Estados Unidos tenía un significado especial para ellos. Era la isla hacia la que nadar, la vasija llena de oro al final de un largo arcoíris. Pero creo que nunca llegaron a encontrarla. Porque el oro no está al final. Está repartido por todo el arcoíris, y si no alimentas tu alma, nunca lo ves. Eso es lo que me impactó al ver a ese hombre asiático agitando esa bandera. A lo mejor era un aviso.

Todos los que participamos en ese viaje éramos diferentes: de diferentes edades, de diferentes carreras, en diferentes momentos de nuestras vidas. Probablemente no habríamos sido amigos fuera de esta experiencia, pero compartíamos un hilo conductor en nuestras vidas: el deseo de escapar, de buscar aventuras, de alimentar nuestras almas. No fue sólo el hecho de montar en moto lo que lo hizo. Fueron los pequeños momentos los que nos conectaron. Cuando Adrian, el más pequeño del viaje, lanzó la única hacha que se clavó en el árbol. Cuando una moto de *cross* voló por el acantilado y usamos la cuerda de Andy para volver a subirla. Las bromas terribles de James. Cada vez que dábamos la vuelta para ayudar cuando alguien comía mierda o se volcaba sobre su manillar, y luego nos deleitaba con el relato de lo sucedido. Los momentos de vulnerabilidad cuando compartíamos nuestras historias alrededor de un fuego crepitante. Éramos «*el club de los cinco*» en el bosque.

Fue una experiencia nueva, incómoda y desafiante. Pero alimentar tu alma no siempre consiste en hacer cosas que te hagan sentir bien. Se trata de hacer lo que te hace sentir vivo, y estar vivo a veces significa vivir cerca de la muerte. Darren se rompió el hombro. Greyson se torció el tobillo. Sam se rompió un dedo del pie. Todo el mundo se cayó en un momento u otro, muchas veces en la mayoría de los casos. Montamos en moto al borde de los acantilados donde un giro o desvío nos habría enviado volando a un océano de rocas desde cientos de metros de altura. Pero de eso se trataba. Cabalgar sobre la línea del miedo y encontrar la vida en eso, algo que raramente hacíamos en casa. El subproducto fue una conexión honesta con compañeros desconocidos que compartían una experiencia. Y, por supuesto, para mí, cagar en el bosque por primera vez. Eso me hizo sentir muy vivo. Todo lo relacionado con la experiencia alimentó una parte de mí que siempre había descuidado. Mi alma.

A ver, no tienes que irte de viaje en moto o cagar en el bosque para alimentar tu alma. Puedes alimentar tu alma apagando tu teléfono y leyendo un buen libro. Yendo de excursión. Comiendo tortitas en tu restaurante favorito y escuchando un *podcast*. Yendo al cine un miércoles. Escribiendo un blog. Diciéndole al tipo con el que te estás acostando cómo quieres que te haga sexo oral, algo que nunca has hecho en ninguna de tus relaciones. No se trata de la actividad. Se trata de hacer algo que te ponga en contacto con el universo. Alimentar tu alma puede significar dejar por fin ese trabajo de nueve a cinco que ha estado drenando tu vida durante los últimos diez años y empezar una nueva carrera, una que realmente te apasione. O puede significar que te permitas comer unas cuantas donas sin avergonzarte ni juzgarte.

Alimentar tu alma es la parte de acción para construir una mejor relación contigo mismo. Darte a ti mismo lo que necesitas. Porque ahí es donde vive tu verdad. En tu alma. No en tu mente.

Conectas contigo mismo al tener una mejor relación con tu alma.

Sal de la isla o acabarás como Tom Hanks, hablándole a una pelota de voleibol

Esta última parte del Primer Acto trata sobre la conexión con los demás para conectar más con uno mismo. La he puesto al final porque tienes que hacer el trabajo interior antes de poder hacer el trabajo exterior. Pero no te olvides de esta parte. Las amistades son una parte importante de la construcción de un buen sentido de uno mismo y de la confianza. Muchos creen que ganar confianza es un viaje solitario, pero no es así. Los amigos contribuyen de forma significativa. Pueden hacerte creer que puedes hacer cualquier cosa que te propongas o que eres una mierda. Lo sabes porque has tenido ambos tipos de amigos a lo largo de tu vida.

Tal vez hayas perdido a tus amigos después de comenzar una relación. Muchos de nosotros sobrevaloramos las relaciones románticas mientras infravaloramos las amistades, que pueden ser igual de satisfactorias y reconfortantes (y mucho menos traumáticas). Tal vez te hayas encontrado solo y te hayas dado cuenta de que ya nadie te invita a salir. O que tus últimos doscientos mensajes de texto estaban dirigidos a tu pareja. Es hora de romper tus esquemas, de invertir en las personas que te hacen reír, defienden tu historia y, lo más importante, creen en ti.

Flashback: bloque de apartamentos de John, al anochecer, alrededor de 2005

John entra en su edificio llevando sólo su computadora portátil y una taza de café de Starbucks que ha visto días mejores. Llega a la mitad de la escalera y se detiene. Toma aire profundamente, como para cambiar su actitud. Se endereza un poco. Luego, sigue hasta la puerta principal.

John entra y al instante se detiene.

TODOS (*voz de fondo*):
¡Sorpreeeeesa!

El apartamento está lleno de amigos, todos como sardinas en lata. Debe haber más de treinta personas en su miniapartamento de un dormitorio. La mujer de John está en el centro con un pastel de cumpleaños casero.

Un largo e incómodo redoble. John se queda bloqueado y su cara se congela.

De repente, tira sus cosas en el sofá y se tira al suelo a hacer molinillos. Se pone a bailar en el salón y por poco no se da en la cabeza con los muebles.

La situación es rara. La gente lo mira confundida. No saben cómo reaccionar. Están incómodos.

EL PLANO SE DETIENE EN JOHN
John aparece mientras hace el molinillo, con la cara tensa y agarrándose la entrepierna con las piernas abiertas.

JOHN (*voz de fondo*)
Era la primera vez que alguien me organizaba una fiesta sorpresa. No sabía cómo reaccionar, así que me dio por bailar. Creo que en el fondo sentía que tenía que agradecerles el haber venido. Mi primer instinto fue hacerme el tonto bailando. Pero no salió bien la jugada.

PANORÁMICA DE LAS CARAS DE INCOMODIDAD EN LA SALA
Algunos se miran entre ellos y se preguntan qué está haciendo.

JOHN (*voz de fondo*)
Nada que ver con el día en el que me casé. Ahí sí había una pista de baile.

SE MUESTRA UNA FOTO

John está haciendo molinos en esmoquin (el mismo movimiento de breakdance, *el único que todavía sabe hacer) en un hostal con mucho encanto situado en una hermosa granja rodeada de campos de maíz. Todo el mundo aplaude y sonríe. Están alucinando. Les encanta.*

VUELTA A LA ESCENA ANTERIOR, JOHN (*voz de fondo*)
Esta fue la primera vez que bailé sin sentirlo de verdad.
Lo usé para desviar la atención, no para conectar
conmigo mismo.
Otro compás.

JOHN (*voz de fondo*)
También fue la primera vez que me di cuenta de que no
tenía amigos.

MÁS TARDE, ESA MISMA NOCHE
La gente charla mientras come pastel. Todos menos John,
que está sentado en la encimera de la cocina y los mira a
todos con una sonrisa forzada.

JOHN (*voz de fondo*)
En realidad, todos eran amigos de ella.

FUNDIDO A NEGRO

Fue entonces cuando me di cuenta de que necesitaba tener amigos propios. Sí, toda esa gente era agradable conmigo. Pero no eran mis amigos. Y puedo confirmarlo ahora
porque ninguno de ellos está ya en mi vida. Eran amigos de
mi esposa y me conocían por ella. No eran personas con las
que hubiera forjado una relación directa. Mi vida giraba en
torno a la de otra persona, en este caso mi futura exesposa.

Esto es común en las relaciones. Cuando encontramos a
alguien con quien queremos pasar todo nuestro tiempo, lo

hacemos. Y poco a poco perdemos a nuestros amigos. No tener amigos nos hace desconectarnos de nosotros mismos. Y cuando nos desconectamos de nosotros mismos, también nos desconectamos de nuestra pareja. Creemos que hemos encontrado el paraíso, pero hemos creado nuestra propia isla desierta. Sí, tu pareja puede ser tu mejor amigo. Pero no puede ser tu *único* amigo.

Llevaba tanto tiempo desconectándome de mí mismo que me había convertido en un náufrago. Era Tom Hanks hablando con una pelota de voleibol. No es de extrañar que fuera tan infeliz. No creía que los amigos fueran importantes. Quería poner todo mi tiempo y energía en mi carrera porque el «éxito» me haría feliz. No empecé a esforzarme en tener mis propios amigos hasta después de mi divorcio. Primero Sam, luego otros. Y por primera vez en mi vida, las amistades que construí eran reales. Porque me estaba conectando conmigo mientras me conectaba con los demás. Permitiendo que la gente viera al verdadero John Kim. No el John Kim que busca la aprobación, inseguro de sí mismo y que le da vueltas a la cabeza por las razones equivocadas.

Baila para ti y los demás bailarán contigo. Baila para otros y te convertirás en un payaso. No en una persona.

Necesitamos amigos. No son un extra, un lujo, un privilegio. O algo en lo que deberíamos invertir cuando tengamos más tiempo. Estamos predispuestos a la conexión humana. Está arraigada en nuestra biología. Cuando tienes hambre, tu cuerpo te dice que necesitas comida. Cuando lloras, tu cuerpo te dice que estás dolido y afligido y que necesitas liberarte. Cuando estás cansado, tu cuerpo te está diciendo que necesitas dormir. Cuando te sientes solo o mal contigo mismo, tu cuerpo te está diciendo que necesitas una conexión humana. Nos olvidamos de que la conexión humana tiene muchas formas, además del romance.

Encontré la conexión humana a través de una comunidad de *fitness* y a través de montar en moto, engullir hamburguesas y compartir mi historia con un grupo de tipos. No sé cómo será para ti. Pero si no pasas a la acción, si no te expones, si no sales de tu casa y de tu cabeza y en vez sigues cavando un foso alrededor de tu castillo, te estarás privando de una de tus necesidades fundamentales.

> **Nuestra necesidad de conectar es tan fundamental como nuestra necesidad de comer y beber.**
>
> **—MATTHEW LIEBERMAN**

Somos criaturas tribales. No estamos hechos para vivir solos. Y si nuestra red social no es lo suficientemente amplia, vamos a poner demasiada presión en las relaciones que tenemos. La persona que eliges para amar no es tu tribu. Tus hijos no son tu tribu. Son una parte de tu tribu, pero no toda tu tribu. Obtenemos cosas de nuestros amigos que no obtenemos de nuestra pareja o de nuestra familia. Los amigos son cruciales para nuestro crecimiento, nuestro trayecto y nuestra felicidad. Si estableces conexiones sinceras con tus amigos, te ayudarán a conectarte contigo mismo y a aumentar tu confianza. No tienes que hacerlo solo.

¿Tengo hoy un grupo gigantesco de amigos que me devolverían la llamada a las tres de la mañana, pagarían la fianza de la cárcel o me ayudarían a mudarme (la prueba de fuego)? No lo sé. No he llamado a ninguno de mis amigos a las tres de la mañana para que me pague la fianza de la cárcel. Lo que sí sé es que no tengo un gran grupo de amigos. Tengo un puñado. A algunos los tengo más cerca que a otros. Y eso cambia a medida que algunas relaciones crecen y otras se desvanecen. Ninguno de ellos es un amigo perfecto, y yo no soy un amigo perfecto para ellos. Son personas reales que pasan por cosas reales, como yo. A veces envían mensajes de texto mientras yo les hablo. A veces se alejan. A veces dicen o hacen cosas que me hieren o molestan. No estamos de acuerdo con la vida, la política y la moda. Pero son mis amigos. Y las amistades son reales. Se han construido, con el tiempo, con confianza. Hacemos ejercicio juntos. Montamos juntos en moto. Comemos juntos, nos burlamos unos de los otros. La cuestión es que, a la hora de la verdad, nos apoyamos mutuamente y defendemos nuestras historias. Realmente queremos lo mejor para el otro. ¿Seremos amigos para siempre? ¿Envejeceremos juntos y nos sentaremos en un columpio del porche a tomar kombucha y a reflexionar sobre nuestras vidas? No lo sé.

Nadie tiene amigos perfectos. Como en cualquier relación, no existe la amistad perfecta. La cuestión es tener amigos de verdad. Amigos que se sientan sinceros contigo respecto al momento en el que te encuentras en tu vida. Amigos que fomenten tu conexión contigo mismo.

Así es como sabes si tienes amigos de verdad.

Tus amigos pueden ofrecer resistencia u opiniones sobre tus elecciones, pero si no apoyan tu verdad y en quién te estás convirtiendo realmente, no están fomentando tu conexión contigo mismo. En cambio, están intentando cambiarte. A lo mejor se aferran a la antigua dinámica de amistad entre los dos. Tal vez una que funcionaba para ti antes de que empezaras tu viaje de crecimiento. Pero ahora el nuevo tú los hace sentir incómodos. Esto sucede a menudo. Es a lo que se refiere la gente cuando dice que está «superando» a sus amigos. Es normal. Es la vida. **El hecho de que tengan una historia no significa que tengan una amistad sana.** Vuelve a leer esa frase. Mientras te rodees de personas que te dejen espacio para ser tu verdadero «yo», nunca te quedarás atrapado en una isla o bailando torpemente delante de falsos amigos.

Cuando estás soltero es más importante tener buenos amigos que encontrar una pareja.

Cómo hacer amigos de adulto

Cuanto más mayores nos hacemos, más difícil es hacer amigos. Una de las principales razones es la desaparición de las estructuras sociales de «conexión instantánea» cuando salimos de la escuela. Cuando éramos más jóvenes, los amigos se nos entregaban. Venían en forma de excursiones, equipos deportivos, clubes sociales, castigos, hermandades, bailes escolares y fiestas. Estábamos a una valiente decisión extrovertida de entrar en cualquiera de las microcomunidades disponibles.

Ahora, como adultos, la entrega automática se ha detenido. No hay más amigos a domicilio. Nuestras comunidades se han reducido. Tenemos el trabajo, el mayor trozo de nuestra tarta vital, el lugar donde pasamos la mayor parte de nuestro tiempo. Pero muchos de nosotros no queremos cagar donde comemos, así que mantenemos a nuestros amigos del trabajo a distancia. O hemos intentado ser amigos de los compañeros de trabajo y la cosa se ha puesto fea. Luego tenemos lo que yo llamo nuestros amigos «residentes», los amigos de nuestro pasado. Compañeros de la secundaria o de la universidad, amigos que has hecho a través de tus ex, compañeros de trabajo de anteriores empleos. Pero estos amigos son periféricos. O los has superado o sólo fueron amigos íntimos durante un periodo anterior de tu vida. Son técnicamente amigos, pero no son personas con las que haces vida cotidiana hoy. No hablas con ellos por Facetime mientras ves un episodio entero de *Juego de tronos*.

Algunos de nosotros hemos hecho nuevos amigos gracias a nuestras aficiones y pasiones. Pero la verdad es que la mayoría de nosotros no tenemos aficiones ni pasiones. Sólo trabajamos y dedicamos tiempo a nuestra relación. En este punto, si estás casado y tienes hijos, el camino de los amigos se bifurca. Tu comunidad de amigos se reduce aún más. Tienes menos tiempo para los amigos porque tus prioridades han cambiado. Ver a un amigo se convierte en un evento que hay que planificar y programar. Como el sexo hoy en día. Tienes menos cosas en común con los amigos que te quedan y a menudo están en etapas diferentes de la vida.

Sobre todo, es raro acercarse a desconocidos para ser amigos cuando se tiene entre treinta y cuarenta años. Es extraño. Creen que quieres tener sexo con ellos, o simplemente piensan que hay algo malo en ti. Hueles a desesperación. No es como cuando éramos niños y todo lo que se necesitabas para hacer un amigo era mostrarle a alguien lo que encontrabas dentro de tu nariz.

Con menos espacios y oportunidades para encontrar amigos como adultos, tenemos que esforzarnos más en encontrar e invertir en amistades. Como adultos, también tenemos más responsabilidades y menos tiempo libre, por lo que encontrar amistades e invertir en ellas suele quedar en un segundo plano frente a todo lo que intentamos hacer como adultos. De repente, no tenemos amigos. Ahora todas nuestras fichas de felicidad están en nuestra relación, nuestros hijos, nuestra familia. Esto, por supuesto, pone más presión en nuestra relación, nuestros hijos y nuestra familia para hacernos felices. Y eso no es justo para ellos.

Tener amigos no tiene por qué ser tan difícil. Nunca es demasiado tarde para construir tu tribu; de hecho, ahora es el momento perfecto para hacerlo.

PONTE MANOS A LA OBRA

1: Define tu intención

No se hace nada sin tener la intención de hacerlo. Los amigos no van a caer del cielo. Tienes que establecer tu intención. Convéncete de que quieres nuevos amigos. Lanza la energía al universo. Anúnciatelo a ti mismo. Empápate de ello en tu subconsciente. Te encontrarás haciendo un esfuerzo y siendo más abierto de forma natural, sin siquiera saberlo.

Hacer amigos no suele ser lo primero en nuestra lista de tareas. En realidad, no está en ninguna lista. Es un pensamiento pasajero que tenemos mientras tomamos a propósito el camino más largo a casa. O un asunto que solemos dejar en manos del universo. Pero puedes tomar el control de ello, y el primer paso es establecer tu intención. Es un gran músculo que puedes ejercitar para cualquier cosa que quieras en tu vida.

2: Participa en una comunidad

Mata dos pájaros de un tiro. Elige un pasatiempo o un interés. Luego, involúcrate con una comunidad que se dedique a ello. La elección obvia es el *fitness*. Si no te has enterado, ahora el *fitness* se hace a través de comunidades. Ya nadie va solo al gimnasio y camina en una cinta leyendo el *US Weekly*. Hacen *crossfit*, yoga, pilates, *spinning*, *boot camp*, boxeo. Las formas que podemos encontrar para sudar son infinitas hoy en día, y cada vez surgen más.

Consigue un pase de clases en el gimnasio y prueba todo, dos veces. Felicitaciones, ése es un pájaro. Estás consiguiendo hacer algo. El segundo pájaro es comprometerse. Habla con otras personas que estén haciendo ejercicio. Socializa con el personal. Sal a la calle. Preséntate. Haz una broma. Ejercita ese músculo que no has utilizado desde el campamento de verano de octavo grado.

Si el ejercicio no es lo tuyo, aquí tienes algo aún más fácil: deja el teléfono. Nos estamos convirtiendo en robots aislados al escondernos detrás de nuestros teléfonos. Deja el teléfono y aprovecha la oportunidad de volver a ser humano. Céntrate en lo que nos hace humanos, como el contacto visual y las sonrisas. Hazle un cumplido a alguien, consigue su nombre de usuario en las redes sociales (el nuevo número de teléfono) y envíale un mensaje de texto. Sigue sus noticias, dale «me gusta» a sus publicaciones, pero también interactúa con ellos en persona. Ésa es la parte importante. Habla con ellos. (No puedo creer que esté diciendo esto, pero es el mundo en el que vivimos ahora). El teléfono y las redes sociales no son más que herramientas, pero puedes utilizarlas para cultivar la tierra de la amistad. El compromiso en persona es lo que hace que una relación sea real. Si no, sólo serán amigos por correspondencia. (Si no sabes lo que es un amigo por correspondencia, búscalo en Google).

He utilizado las «experiencias» de Airbnb para participar en experiencias locales asequibles en mi ciudad con un grupo reducido. He ido a viajes de dos semanas en bicicleta de Wilderness Collective con un grupo de más o menos doce personas. También he celebrado cenas mensuales de «9» con un amigo: invitamos a nueve desconocidos a reunirse y hablar de cosas sobre las que los desconocidos nunca tendrían conversaciones. Por último, he organizado mis propios retiros y reuniones. Así es como creamos nuestras tribus hoy en día.

He aquí algunos ejemplos más de comunidades en las que puedes participar:

Arte

Fotografía

Clases de cocina

Talleres de escritura

Retiros de bienestar o de aventura

Clubes de senderismo

Grupos de escalada en roca

Eventos musicales

Festivales de bienestar

Espacios de *coworking* (más importante aún, los eventos que organizan)

Eventos de *fitness* como la Spartan Race o la Tough Mudder (si lo haces con un grupo pequeño, se acabarán haciendo amigos por el camino)

3: No digas que no a todos los planes con gente

Sal. A. La. Puta. Calle. Relaciónate con los demás. No vas a hacer amigos si todos los fines de semana te limitas a encargar comida y ver Netflix. Deja de agobiarte tanto con lo que te gusta y no te gusta hacer. A veces, los mejores momentos son los que menos planeamos. A veces conocemos a la gente más *cool* cuando hacemos las cosas más tontas. Sal ahí fuera y dalo todo. Hacer cosas incómodas es una forma de conectarte contigo mismo.

Estás explorando el terreno. Sin exploración, no hay conexión con uno mismo.

Así que, rompe con tu rutina desde hoy. Ponte en modo «Explorar» y no lo cambies. Acepta todas las invitaciones. No tiene que ser para siempre. Hazlo durante un par de días o una semana, a ver qué experiencias vives. En cualquier caso, luego tendrás historias para contar.

La revisión anual de la amistad

Esto queda entre tú y yo. No vayas a contárselo a tus amigos.

Para un minuto y piensa en todos los amigos que hay en tu vida ahora mismo.

Luego hazte estas preguntas. ¿Todos tus amigos crean un espacio para que te conectes contigo mismo? ¿O alguno de ellos, sutilmente o no tan sutilmente, te está alejando de ti mismo? ¿Promueven o impiden tu crecimiento? ¿Cómo te tratan? ¿Cómo te hablan? ¿Quieren lo mejor para ti o siempre compiten contigo? ¿Alguna de tus amistades es poco objetiva? Si es así, ¿en qué sentido? ¿Son amigos sólo por la historia que comparten pero ya no tienen nada en común? ¿O comparten las mismas pasiones y valores? ¿Tus amigos te dan tanto como tú a ellos? Sé realmente sincero contigo mismo. Justificamos a nuestros amigos, sobre todo si llevan mucho tiempo en nuestras vidas. Nadie va a escuchar cómo respondes a esta pregunta. Así que no pasa nada. Sé realista. Sé sincero.

Tal vez tengas un amigo que no apoya quién eres realmente ni defiende tu historia. O tal vez ese amigo es simplemente agotador y negativo, y siempre hace que todo gire en torno a él. ¿Has hecho un esfuerzo para abordar el problema? ¿Le has dado la oportunidad de cambiar? Si es así, y no ha hecho nada por mejorar, **es hora de empezar a invertir menos en esta amistad y más en otras.** No es necesario hacer un anuncio. Romper con los amigos es diferente a romper con la pareja. No hay ruptura. Sólo hay un alejamiento. Lo único que hay que hacer es dejar que la gente siga su propio camino, de forma natural. Empieza tú.

Y en caso de que necesites escucharlo de nuevo:

1. Establece tu intención de hacer nuevos amigos.

2. Elige una comunidad con la que quieras relacionarte.

3. Ábrete y di que sí a todo.

Los restos de una relación

(Pasar página)

Nos esperan cosas mucho, mucho mejores que las que
hemos dejado atrás.

—C. S. LEWIS

Como dije al principio, este libro no trata sobre cómo tener mejores relaciones sentimentales. Este libro trata sobre cómo tener una mejor relación con uno mismo. Lo irónico es que lo que más influye en la relación que tienes contigo mismo son las relaciones que has tenido con otras personas.

Nuestras relaciones pasadas nos definen. Marcan el camino. Establecen las pautas que seguimos. Pero lo más importante es que pueden conectarnos o desconectarnos de nosotros mismos. Dicho de otro modo: las relaciones sanas nos empujan a conectarnos con nosotros mismos. Las relaciones tóxicas nos impiden conectarnos con nosotros mismos.

Para redefinirnos, primero tenemos que analizar lo que nos ocurrió en el pasado. Después de aconsejar a miles de personas sobre sus relaciones, he dado con un patrón. Aunque la vida amorosa de cada persona es diferente, el recorrido sentimental por el que todos pasamos es más o menos el mismo.

Nuestro recorrido sentimental en pequeñas dosis

El primer amor, o «el pegajoso»

En la secundaria, nuestra atracción gira en torno a dos elementos.

1. IDENTIDAD

Nos parece atractivo lo que a nosotros nos falta. Sí, a primera vista puede que te parezca que la persona está buenísima al ver su cara bonita y ese culito moviéndose cuando está a punto de lanzar el pase para el *touchdown* final en el campo. ¿Pero hasta qué punto te atrae porque también le gusta a los demás? ¿Porque piensas que, si esa persona fuera tuya, tú valdrías más? ¿Pensarían tus amigos que eres más *cool* si la reina del baile fuera tu novia de verdad y no sólo te sirviera para cascártela en la ducha?

Por supuesto, ya no estamos en los años cincuenta; los deportistas y las reinas del baile ya no son las únicas personas que nos atraen en la secundaria. También nos vuelven locos el chico de la banda, el *nerd cool*, el *skater*... A lo que me refiero es a que no nos fijamos en personas, sino en identidades. En la secundaria, todos estamos en plena construcción. No tenemos aún una personalidad definida. Buscamos y determinamos nuestro valor a través de los demás. Y por eso es normal que a esa edad comencemos a ver el amor a través del aspecto físico, no necesariamente según el corazón o carácter de la otra persona.

2. LO QUE NOS RESULTA FAMILIAR

Caos. Impulsividad. Incertidumbre. Reactividad. Control. Necesidad. Codependencia. Enredos. Ésa es básicamente la dinámica de las relaciones con la que crecimos en casa. Sea como fuere, creemos que el amor es siempre así porque es la única forma en la que lo conocemos. Cuando somos adolescentes, no tenemos otras referencias sobre el amor. Aún no conocemos otras posibilidades. A muchos, el concepto de amor sano nos resulta extraño. Incluso aburrido.

Si creemos que tenemos carencias y que necesitamos encontrar nuestro valor e identidad en otra persona, nos sentiremos frustrados en esa relación. Si nos obcecamos con lo que nos resulta familiar, principalmente porque ninguna familia es perfecta y ningún niño llega a la edad adulta sin malas experiencias, estaremos recreando el trauma, no construyendo el amor.

Cuando combinamos la búsqueda de nuestro valor en otra persona con lo que nos resulta familiar, obtenemos un amor disfuncional y tóxico que nos hace sentir tremendamente bien.

A ese amor lo llamo «el pegajoso».

Este pegajoso se compone de definiciones del amor tergiversadas, buscadas a través de un camino de caos y reactividad. Conflicto tóxico. Internalización. Hacer cosas que probablemente no harías normalmente. Sacrificar nuestra voz, comprometer el «yo» y castigar la autoestima en lugar de hacerla crecer. ¿Mencioné que este pegajoso nos hace sentir increíblemente bien? Eso es porque el drama, los celos, el control y la persecución se vuelven intensos, y es fácil confundir la intensidad con el amor.

No es tu culpa: es lo único que conoces y has experimentado.

El amor adolescente es instintivo. Como la emoción de nadar desnudo. No piensas en lo que pasará cuando tengas que salir del agua.

La veintena: cuando nos perdemos en otra persona

La mayor parte de nuestra veintena consiste en salpicar pintura, con los ojos vendados, con la esperanza de ver un hermoso cuadro cuando hayamos terminado. Intentamos seguir un camino bien iluminado hacia un futuro seguro. Pero eso es imposible. Todavía no sabemos lo que queremos. Y no hemos experimentado lo suficiente como contar con las pistas para encontrar ese camino. Al igual que la elección de una carrera en la universidad, lo que queremos cambiará mil veces. La vida está sin definir. Pero eso no lo sabemos a los veinte años. Creemos que estamos en el camino correcto.

La verdad es que durante la veintena no hay ningún camino. Hay un gran campo de espinas y trampas. Pero también hay lagos y cascadas desde las que dar volteretas. La mayoría de nosotros no hemos doblado la esquina ni se nos ha despertado la curiosidad sobre nosotros mismos y sobre por qué hacemos lo que hacemos. Somos reacciones andantes que rebotan de experiencia en experiencia como si fuéramos bolas de *pinball*. Nos vestimos con ropa de adulto y salimos a cenas de lujo que no podemos permitirnos.

Como todavía nos estamos encontrando a nosotros mismos, nos guiamos por lo que sentimos, no por lo que creemos que es saludable. Normalmente, nuestras elecciones nos dirigen hacia un montón de dolor.

Y aquí entra el sexo vacío. Las aventuras de una noche. La experimentación. La obsesión por complacer al otro, especialmente en el dormitorio. Situaciones algo turbias en las que deberías haber acabado en un maletero. Ningún cuidado personal. Una dieta vital basada en la validación y la aprobación. No te expresas, no hablas y no pides lo que quieres. Permaneces en relaciones durante demasiado tiempo. O no lo suficiente.

La mayoría de la gente empieza su primera relación seria alrededor de esta época, y así comienza el pedir comida a domicilio. Ver series sin parar. La pérdida de amigos mientras te pierdes en tu persona. E incluso, la claustrofobia emocional a medida que creces de forma natural y quieres convertirte en tu propia persona. Entran en escena los celos, el control y la rabia de tu confundida pareja, que no está preparada y no entiende por qué ya no la «amas».

Esta década es como un accidente de coche. Y muchos veinteañeros darán unas cuantas vueltas más a ese loco circuito antes de que se termine.

Si estás leyendo este libro, probablemente hayas dejado todo eso atrás. Se acabaron las carreras en el tren de la locura. Quieres algo diferente y estás harto de que la gente te juzgue porque eres joven. Estás dispuesto a mirar hacia dentro. Quieres romper viejos esquemas y adquirir conciencia de ti mismo para vivir la vida de forma reflexiva y con un fuerte sentimiento de fuerza interior. Pues bien, puedes hacerlo. Porque la superación personal no discrimina por edad. Discrimina por la intención. Si tu corazón está en el lugar correcto y estás dispuesto a remangarte, este libro puede ser la primera ficha de dominó que inicie tu viaje.

Nuestra treintena y cuarentena: el comienzo de la búsqueda del verdadero «yo»

Si la veintena es un accidente de coche, la treintena y la cuarentena son un lavadero de coches.

Hemos terminado con lo viejo. Hemos terminado con la codependencia y el enredo. Ya no tenemos que andar en puntas de pie ni fingir orgasmos, ni ver quién grita más fuerte o directamente no comunicarnos. Ya tenemos suficiente de ocuparnos de otra gente. Ya tenemos suficiente de que no nos escuchen.

Estamos sedientos de algo nuevo. Por fin nos interesamos por nosotros mismos. Por quiénes somos y a dónde queremos ir. Y en cómo queremos que nos traten.

En la treintena es cuando toda la rabia y el resentimiento que hemos enterrado durante tanto tiempo asoma su fea cabeza. Cuando eso ocurre, todo el mundo lo siente. Tu pareja. Tus amigos. Tu familia. Tu jefe y tus compañeros de trabajo. Las cosas que eran importantes para ti ya no importan tanto. El viejo «tú» se derrumba como una marioneta cuando el titiritero suelta los hilos. Y empiezan a importar cosas nuevas. Nuevas cosas de las que depende tu felicidad.

Ahora se trazan las líneas. Se forman límites. Algunos amigos se desvanecen. Algunos se quedan. Es entonces cuando muchos de nosotros encontramos el yoga, dejamos el alcohol o empezamos a meditar.

Si llevas en una relación desde la veintena, es en este momento cuando aparece ese «picor de los siete años». El momento en que a las personas empieza a quedarles chica la relación. Cuando uno o ambos quieren algo diferente. Cuando la comodidad ya no es suficiente. Algunos pueden estar emocionalmente en el mismo lugar y atravesarán juntos las turbulencias y el cambio. Saltarán juntos del avión antes de que se estrelle. Pero, para ser sinceros, la mayoría de las relaciones no terminan así.

Y no pasa nada. Si sólo has estado con una persona la mayor parte de tu vida, vas a tener curiosidad. No hay nada malo en ello, y tal vez tampoco haya nada malo en la relación. La curiosidad significa que eres humano. Es normal sentir curiosidad y atracción por otras personas, sobre todo si no has experimentado con otras personas. Y no se trata sólo de sexo. Sientes curiosidad por una dinámica diferente. Has estado comiendo la misma comida durante años, cuando tus papilas gustativas aún se estaban formando. Tener curiosidad no significa que debas romper o engañar. Es algo real, sin embargo, y debe ser explorado, no enterrado. Todo lo que empujes hacia abajo siempre volverá a subir.

El crecimiento no puede darse sin nuevas experiencias. El amor no es una excepción. La buena noticia es que puedes vivir estas nuevas experiencias con la misma persona. Pero sólo si ambas partes se esfuerzan por crecer, cambiar y evolucionar juntos, creciendo, cambiando y evolucionando individualmente. **Tienen que crecer individualmente si quieren crecer como pareja.** Si no, dos se convierten en uno y vuelves a los veinte años. En la treintena es cuando tienes que hacerte cargo y procesar toda tu mierda.

El lavado de coches de nuestra treintena y cuarentena consiste en crecer finalmente. En emprender un viaje para encontrarse y conectarse con uno mismo.

Por supuesto, no todos los viajes amorosos son iguales. Aquí estoy dando grandes pinceladas, basándome en los temas comunes de las historias de mis clientes. Pero tal vez te sientas identificado con algunos de ellos, si no con todos.

Ahora es el momento de hacerse una de las preguntas más importantes que te harás jamás.

¿Cómo puedo crear nuevas experiencias amorosas sanas que eclipsen a las antiguas —y que superen las tóxicas— y me den nuevas definiciones de amor?

Incluso si ahora mismo estás en una **relación**, éste es el momento de hacer esta pregunta. Porque las relaciones no son una constante. Siempre están cambiando, evolucionando y creciendo, y tu relación contigo mismo también está cambiando, evolucionando y creciendo siempre. No tienes que estar en una nueva experiencia amorosa para darte una nueva experiencia amorosa. Puedes hacer que la que tienes ahora sea una nueva.

Botas y erecciones

Maddy conoció a Dave en un festival de música *country* llamado Stagecoach. Le dicen a la gente que Garth Brooks fue su Cupido, ya que era el artista que tocaba en el escenario cuando sus ojos se cruzaron entre la multitud. A partir de ahí todo fue muy rápido. Unas cuantas noches salvajes regadas con Jack Daniels, canciones *country* que hablaban de amor y pasión y, sin darse cuenta, ya vivían juntos y discutían sobre cómo había que colocar los platos.

Aunque su atracción sexual era increíble, Maddy y Dave hablaban lenguajes amorosos (*love languages*) muy diferentes y tenían definiciones del amor muy distintas. El lenguaje amoroso de Maddy eran el tacto y las palabras de afirmación. El de Dave era «sólo sexo». Eso no es técnicamente un lenguaje amoroso, pero él creía que lo era. Definía el amor basándose en la cantidad de sexo que tenían. Si no tenían sexo, se sentía poco querido y rechazado. Si tenían mucho sexo, se sentía amado y deseado. Pero Maddy no disfrutaba del sexo. Normalmente lo hacía por él. Esto hizo que Dave se sintiera engañado, porque ella se había presentado como «una persona muy sexual» cuando se conocieron, pero después de un año él se dio cuenta de que no lo era. Acudieron a mí como último recurso.

«Lo único que le importa a Dave son sus botas y sus erecciones», suspiró Maggie. Sin embargo, cuando empezamos a analizarlo, me di cuenta de que no se trataba de sexo. Se trataba de definiciones distorsionadas del amor. Dave siempre había equiparado el amor con el sexo. Esa idea había empezado pronto con las imágenes pornográficas, que lo habían configurado de una manera determinada que más tarde se vio reforzada por las «charlas de hombres» en los vestuarios (practicó deportes en la secundaria y la universidad) y por las relaciones con mujeres que también definían el amor como sexo. Era lo único que conocía. Pero resultó que la mayoría de esas mujeres habían sufrido abusos sexuales que las desconectaban de sus cuerpos y las predisponían a ser altamente sexuales. Resultó que Maddy también había sufrido abusos sexuales, cosa que Dave no sabía. Pero ella había tomado el camino contrario como reacción a ese trauma. Ella no disfrutaba del sexo. El sexo era un dispositivo, algo que usaba para atraer a los hombres. No era algo que le diera placer.

Una vez que supe esto, supe que debían centrarse en regalarse nuevas experiencias amorosas para crear nuevas definiciones de amor y establecer un nuevo camino. Sabía que al iniciar el viaje de creación de nuevas definiciones de amor, cada uno de ellos se vería naturalmente obligado a mirar hacia dentro y explorar sus traumas pasados.

El trabajo individual de Maddy consistió en procesar su abuso y comenzar una nueva relación con su cuerpo y el sexo. El trabajo individual de Dave consistió en explorar por qué relacionaba el amor y el deseo sólo con el sexo y los actos sexuales y no con todas las formas no sexuales en que podemos mostrar amor y deseo. Dave se dio cuenta de que nunca había experimentado la verdadera intimidad, y Maddy tampoco. Una vez que ambos se dieron cuenta de esto, rápidamente se vieron en el mismo equipo, sedientos de una nueva experiencia amorosa.

Empezaron a explorar el sexo y la intimidad de una manera nueva y se comunicaron en el dormitorio realmente por primera vez en sus vidas. Comprenderse mejor el uno al otro fue crucial. Aprendieron a pedir que se satisficieran sus necesidades, pero también a respetar las del otro. A medida que Maddy superaba su trauma y exploraba su propia sexualidad y se adentraba en su cuerpo, se sentía más cómoda y aventurera en el dormitorio. Ya no se trataba sólo de complacer a los hombres. Ahora quería complacerse a sí misma. Resulta que era sexual. Su sexualidad estaba reprimida. Dave aprendió a intimar a través de los besos, las palabras, el tacto pausado y el contacto visual, todo lo que sus compañeros de vestuario decían que era «gay». Crearon una nueva experiencia amorosa juntos y, al hacerlo, crearon una nueva definición de sexo e intimidad y trazaron una nueva base para su relación.

Estos cambios se trasladaron hacia el exterior. Se sintieron más unidos y conectados como pareja. Con su nueva conexión, Dave y Maddy sintieron que su vida sexual era más íntima y satisfactoria. El suyo era un nuevo tipo de sexo que no se limitaba a la piel y los orgasmos, sino a la exploración y a un amor más profundo.

Despejar los residuos de tu relación puede traer una autoconciencia que nunca habías tenido antes. Sé que puedo identificarme con la historia de Dave. Yo también solía relacionar estrechamente el amor con el sexo. Sentirme amado y deseado se basaba en la cantidad de sexo que conseguía. Lo que significaba que presionaba mucho a mis novias para que tuvieran sexo conmigo, aunque no tuvieran ganas. No fue hasta que empecé a darme una nueva experiencia amorosa y a trabajar con mi propios problemas que creé nuevas definiciones de sexo e intimidad.

Manos de reiki

La conocerás más tarde, así que no quiero revelar su nombre todavía. Pero fue alguien que conocí en una cita a ciegas. No la besé hasta nuestra segunda cita, y no tuvimos sexo hasta semanas después, lo que hizo que ella se preguntara si me gustaba. Por lo general, lo busco rápido y con insistencia, pero esta vez fue diferente. Me pilló en un momento de mi vida en el que estaba sediento de algo más profundo. Y no sabía cómo se veía o se sentía eso porque siempre había perseguido primero la carne. Esta vez quería que el sexo fuera el subproducto, no el comienzo.

Mi nueva experiencia amorosa no se produjo en una conversación profunda, llena de significado, que cambiara mi vida, sobre cómo puede ser el sexo y la intimidad. Llegó con un simple toque. Un momento. No fue cómo me tocó. No se trataba de la técnica. Fue la energía, la intención y la curiosidad detrás de su toque. Sé que suena algo raro y abstracto, pero deja que te lo explique. Todo lo que conocía era la sensación bidimensional de sentirse bien, especialmente al principio de conocer a alguien. El azúcar, la dopamina, el regalo de alguien que quiere darte placer. Las sensaciones superficiales, no la energía subyacente, cargada de intención. Y eso es lo que sentí esta vez. Como si fuese electricidad, su toque penetró más profundamente y me dio más que placer. Me dio paciencia. Ahí había algo. Un espíritu. Una apertura y una vulnerabilidad. Lo sentí. Y fue entonces cuando pensé: *Aquí hay algo diferente.*

Este fue el comienzo de querer algo nuevo.

La búsqueda del amor comienza antes de lo que crees

ecuerdo haber visto la película *Ciencia loca* cuando tenía doce años. Por si no lo sabes, trata de dos adolescentes bien *nerds* que crean a su mujer perfecta, «Lisa», tras conectar cables a una muñeca Barbie y ponerse sujetadores en la cabeza. Los ochenta fueron una época rara con películas raras. En cualquier caso, la muñeca cobra vida y les enseña sobre el amor y la vida. La primera vez que recuerdo haber deseado a una mujer fue mientras veía esta película.

Me sentaba literalmente en la habitación de mis padres (donde veía películas), con la boca abierta y los ojos cerrados, deseando que me sucediera alguna ciencia extraña. Realmente quería que una mujer me sacara de mi aburrido mundo y me mostrara uno nuevo. Pero Kelly LeBrock nunca entró. Sólo mi madre, para preguntarme si tenía hambre.

No eran sólo los labios, las curvas y la creciente curiosidad de un niño de doce años. También era la idea de tener un nuevo tipo de amigo. Uno que te hiciera sentir algo diferente. Uno que te cuidara. Uno que te entendiera.

Fue la primera vez que se grabó en mi subconsciente que encontrar a otra persona (una mujer) me daría la felicidad. Con esa persona, yo sería valioso, aceptado. Otros chicos de doce años estarían celosos de mí. Fue el comienzo de un largo viaje para no querer estar solo. Pasaría los siguientes treinta años de mi vida buscando a mi «Lisa».

Es probable que para ti no empezara con una película de los ochenta sobre una muñeca que cobraba vida como supermodelo. Pero empezó en algún sitio. Quizás fue viendo a los amantes Romeo y Julieta morir el uno por el otro, o todas las películas de princesas de Disney donde un hombre salva a una mujer y vive feliz para siempre. O al ver a un Ryan Gosling empapado confesando su amor eterno en *Diario de una pasión*. O a tus padres diciéndote una y otra vez que tenías que encontrar a alguien para poder formar una familia y ser feliz. Y por supuesto, hoy tenemos la presión añadida de las redes sociales. Compromisos. Bodas. Lunas de miel exóticas. Fotos de parejas viajando por el mundo y dándose de comer pizza. Niños en columpios. Familias perfectas. Todos sabemos que estas fotos muestran la vida a través de un filtro gigante que oculta los defectos de la realidad. Las relaciones requieren un montón de trabajo, y ninguna relación es perfecta. Pero seguimos creyendo en la ilusión y creemos que somos menos porque nuestras vidas no se parecen a las imágenes que nos rodean.

Todo esto nos impulsa a buscar el amor, a «la persona». Abordamos esta búsqueda como si nuestra vida dependiera de ello. Se convierte en nuestro Santo Grial. Pero nunca aprendemos sobre los detalles del proceso, la dinámica de una relación real y cómo tener una relación sana. No aprendemos sobre la codependencia, los estilos de apego y los límites saludables, ni sobre por qué nos comportamos como lo hacemos en el amor. Simplemente nos lanzan al bosque para que tropecemos y aprendamos lo que podamos de nuestras caídas. Sin herramientas ni conocimientos sobre cómo es una relación sana, amamos estrictamente con lo que sentimos y con aquello a lo que estamos acostumbrados. El amor se convierte entonces en una respuesta instintiva a la otra persona que surge de nuestras heridas, una forma de llenar los agujeros en nosotros mismos.

Tu idea del amor puede estar basada en lo que viste en el comportamiento de tus padres, que, para muchos de ustedes, era disfuncional y poco saludable. Si es así, es probable que hayas caído en relaciones poco saludables marcadas por la codependencia, los celos, el control e incluso el abuso físico y emocional. Tal vez siempre comenzabas a perderte en estas relaciones, pero permanecías en ellas. Habías llegado a creer que así era el amor por alguien: el sacrificio. Hasta que un día te despertaste y no reconociste a *ninguna de las dos* personas en el espejo. Habías sido completamente inconsciente de cómo te sentías en realidad sólo porque tenías demasiado miedo de estar solo, y lo mismo ocurría con la otra persona en la pareja que se cepillaba los dientes detrás de ti.

A continuación, quiero darte algunas de las herramientas que muchos de ustedes se perdieron, para que puedas definir lo que es saludable, tanto para ti como para cómo se ve aquello con otras personas. Comienza con la limpieza de las telarañas.

Tracy Chapman me salvó la vida

Estaba sentado en mi auto porque no tenía otro sitio al que ir. Llovía y estaba oscuro, apenas unos minutos después de que mi mujer encontrase porno en mi computadora. Ella creció en un entorno conservador. Que yo viera porno era como si la engañara. Seguí reproduciendo la decepción y el dolor grabados en su cara, sentado ahí, pensando en mi vida.

El porno era algo habitual para mí durante esa época. Era mi forma de sobrellevar el hecho de que en mi vida no sucedía nada bueno. Mi matrimonio se estaba desmoronando. Mi carrera de escritor no iba a ninguna parte. Ver porno era la única manera de adormecerme. Pero ésa no era una excusa. Le había mentido a mi esposa. Le había dicho que no veía esas cosas cuando sí lo hacía.

Mientras caía la lluvia, me pregunté por primera vez si tenía un problema. Mi padre era alcohólico, así que sabía que llevaba la adicción en la sangre. Fue el momento más bajo de mi vida. Me sentía tan solo e inútil. Entonces, sentado allí en mi auto, con la mirada perdida en la nada, empezó a sonar Tracy Chapman en la radio. «Si supieras que vas a morir hoy. Si vieras el rostro de Dios y el amor, ¿cambiarías?». Sentí como si me hablara directamente a mí. Como si hubiera seguido mi historia y hubiera escrito esa canción para que el universo me la presentara en ese preciso momento. Me quedé sentado repasando mi vida y lo infeliz que era. Entonces la lluvia se detuvo abruptamente, como si el cielo quisiera que respondiera a su pregunta. Una palabra temblorosa surgió de un estruendo de miedo y dolor.

«Sí».

De repente, comencé a ir a reuniones de ASA (Adictos al Sexo Anónimos) y ASAA (Adictos al Sexo y al Amor Anónimos). Empecé a ver a un terapeuta. De nuevo. Empecé a leer libros de autoayuda y de relaciones. Empecé a aprender sobre mí. Aprendí que mi visión del amor estaba distorsionada y no era saludable. Pensaba que el amor significaba que, si yo me hundía, tú te hundías conmigo. Y viceversa. Pensaba que el amor significaba que nos convertíamos en una sola persona.

Recuerdo un incidente en mi matrimonio. Tras un largo día de trabajo en el plató, ella quería pasar el rato con su coestrella en la habitación de hotel que tenía él. Era una postfiesta y también irían otras personas. No serían sólo ellos. Pero recuerdo desaprobarlo y decirle: «No es lo que hace la gente casada». Recuerdo que arruiné una noche especial para ella —el cierre de un gran proyecto cinematográfico—

al reaccionar de forma exagerada y utilizar el matrimonio para esconder mi codependencia e inseguridad. Ésa fue una de las muchas veces que fui controlador porque no tenía sentido de mí mismo.

Mis definiciones del amor y de cómo ser cariñoso proceden de las concepciones que he llevado conmigo toda la vida. Fueron esbozadas por mis padres y su cultura, y luego grabadas por mis miedos y patrones de otras experiencias amorosas. Y, por supuesto, estaban reforzadas por los mensajes que recibía del mundo en general. Tampoco tenía ninguna herramienta. No practicaba el autoconocimiento ni me hacía responsable. No podía ver el mundo más que a través de mis propios ojos contaminados. Era defensivo y reactivo. Agarraba en lugar de sostener. No sabía que las relaciones implicaban mirar constantemente hacia dentro, expresar tu verdad y mantener un espacio seguro para tu pareja. No fue hasta una década más tarde —después de años de terapia y muchas más relaciones caducadas— cuando adquirí las herramientas para llevar esto a cabo.

Mi primer recuerdo de mirar hacia dentro y mantener un espacio seguro fue cuando mi novia de entonces llegó a casa y me expresó que no había estado muy presente últimamente. Recuerdo que al instante me puse a la defensiva. Estaba pasando por un momento estresante y además pagaba todas las facturas, incluidas las suyas. Pero en lugar de intentar que me entendiera, traté de comprender. Ella tenía razón. Cuando estábamos juntos, siempre estaba pensando o pegado al teléfono. Me disculpé sin defenderme como solía hacer. Me di cuenta de que la actitud defensiva no crearía un espacio suficientemente seguro para que ella expresara sus necesidades. Que ella respondería reprimiendo sus sentimientos. Que empezaríamos a ir a la deriva.

Solía pensar que el amor sólo significaba que te gusta alguien porque crees que está bueno y que todo funciona porque se quieren mucho y eso es lo único que importa. El amor lo conquistará todo, ¿verdad? Pero eso no es amor. Eso es un cuento de hadas que me creí hace muchos años. Amar significa hacerse responsables y crear un espacio. Amar significa mirar hacia adentro sin estar a la defensiva. Y las grandes peleas no son el único momento para hacerlo. El amor ocurre en lo cotidiano, como cuando mi novia me dijo que yo no parecía estar presente. No tenía un gran problema conmigo. Sólo quería que estuviera más presente. Era una simple petición que el antiguo yo habría convertido en una discusión emocional que la habría hecho sentirse insegura. Me di cuenta de que había crecido.

Ese momento sentado en mi coche con Tracy Chapman fue el principio del fin. El comienzo de mi nuevo «yo». El fin de mi matrimonio. Cuando empecé a ir a las reuniones y a mirarme con honestidad, por primera vez en mi vida decidí que ya no era feliz escribiendo guiones. Lo estaba haciendo por las razones equivocadas. Sólo por el mero hecho de hacerlo. No me daba una razón de ser. Así que volví a la universidad para estudiar Psicología y convertirme en terapeuta. Pensé que, si no podía llegar a la gente en masa, lo haría de uno en uno. Mientras tanto, mi esposa iba ganando terreno en su carrera. La contrataban para proyectos a diestra y siniestra y viajaba a menudo. Cuanto más ocupados estábamos, más nos distanciábamos. Entonces, un día, a través de Skype, me pidió la separación, que rápidamente se convirtió en divorcio.

Muchos de los que están leyendo esto pueden estar pasando por una ruptura, o lo que yo llamo una «relación caducada». O estás en una relación, pero te cuesta estar plenamente presente porque no has superado la anterior. O la anterior a ésa. Tal vez te has dicho a ti mismo que lo has hecho, pero en el fondo sabes que no lo has hecho porque los viejos asuntos no resueltos están afectando tu relación actual. Sabes que tienes que hacer algo al respecto, pero no sabes muy bien por dónde empezar. En cualquier caso, las relaciones caducadas son algo por lo que todos pasamos.

La mayoría de nosotros no sabemos cómo maniobrar a través de una relación caducada. La mala noticia es que no existe una fórmula general. Es diferente para cada persona, dependiendo de su historia y del impacto que la relación haya tenido en uno. Pero tal vez al compartir lo que yo pasé, así como lo que pasaron algunos de mis clientes, pueda ayudarte a ver algo que no habías visto antes, ayudarte a replantear lo que pasó o a encender algo en ti que ponga en marcha tu viaje. Porque no se puede construir nada sano y sostenible con otra persona hasta que no se haya pasado página.

Cómo se pasa página realmente

El término «pasar página» no es santo de mi devoción. Es decir, si han pasado cuatro años, es posible que ya te toque seguir adelante con tu vida. Pero normalmente nos fustigamos con la necesidad de «pasar página» a las pocas semanas de romper con alguien. El problema es que presionarse para seguir adelante le resta importancia a lo sucedido y, además, pone una especie de cronómetro en marcha, lo que añade aún más presión para seguir adelante. Todo lo que ha ocurrido en esa relación, bueno o malo, forma parte de tu historia y de ti. Si rechazas partes de tu historia, estarás rechazando partes de ti mismo, y por tanto desconectándote de ellas. Entiendo que tu relación puede haber sido tóxica y abusiva. Pero no te curas rechazándola, arrancándola de tu alma y no volviendo a mirarla. En realidad, estás avivando el fuego. La ira y el dolor seguirán acuciándote. Si realmente quieres seguir adelante, empieza por la aceptación.

La aceptación es el principio de cualquier recuperación. Cuando no aceptamos algo, sigue creciendo, como un virus. Podemos enterrarlo durante un tiempo distrayéndonos con otra cosa, pero acabará volviendo. Si lo rechazamos, lo ocultamos, fingimos que nunca ha sucedido o minimizamos su impacto en nosotros, en realidad seguiremos alimentándolo, permitiendo que crezca hasta que nos vuelva destructivos, ya sea hacia nosotros mismos, otras personas u otra relación. Tanto si te enfrentas la pérdida de un trabajo, como una enfermedad o una relación caducada, la aceptación es el primer y más importante paso para superarlo.

La aceptación no significa que quieras volver con tu ex. Si de hecho quieres volver con tu ex, entonces debes aceptarlo como tu verdad y empezar por ahí. Tal vez necesites aceptar lo mucho que te han herido para poder empezar a llorar la pérdida de la relación. Tal vez necesites aceptar que no fue tu culpa. O que sí lo fue; tal vez necesites asumirlo para ser mejor en tu próxima relación. Tal vez la aceptación signifique perdonar. Tal vez la aceptación signifique poner límites. Pregúntate qué necesitas para empezar a aceptar y cómo es eso para ti. Y recuerda que la aceptación es un proceso. Lleva tiempo. No es algo que se haga en un fin de semana. Lo importante es que empieces el proceso.

Cuando empieces a aceptar lo que pasó, empezarás a seguir delante de manera natural. Te voy a dar otra nueva definición: **no estás pasando página, estás avanzando**. La aceptación no es una esquina que se dobla. Es un viaje, y los viajes llevan tiempo. Pero, al final, un viaje puede llevarte de vuelta al pueblo como una nueva persona, porque con cada viaje hay una transformación. Tienes que pasar por el proceso. Estás afligido. Estás triste. Estás enfadado, y te permites estarlo. Has analizado el accidente y has asumido tu parte. Has examinado la caja negra. Aprende las lecciones y aplícalas a tu vida. Eres una versión mejor de ti mismo gracias a lo que pasó y a todo lo que aprendiste de ello sobre el amor, la vida y, lo más importante, sobre ti mismo.

La aceptación te permite empezar a avanzar, a dejar atrás lo que pasó, para que por fin puedas pasar página y estar presente en lo que te sucede ahora. Con la aceptación, por fin puedes sacar el otro pie del pegajoso pasado y plantar ambos pies en el presente: la relación que estás construyendo contigo mismo y, tras eso, con otra persona. Exploremos cómo se ve el avance en acción.

«Mi cho**a me dice cosas»

Jessica tenía muchos seguidores en Instagram. Levantaba pesas, recorría muchos lugares en moto y documentaba un montón de experiencias muy interesantes. Eso significaba que le bastaba con intercambiar unos pocos mensajes directos para «pasar página». Estaba superando su sexta relación fallida cuando se puso en contacto conmigo. Jessica se solía olvidar de la otra persona a los pocos meses. Y luego se enganchaba a otra en igual o menos tiempo. Pero esta vez era diferente. Habían pasado siete meses, no conseguía «superar» lo de su ex y no tenía ganas de estar con nadie más. «Es como si se me hubiera muerto la chocha. Quizá está intentando protegerme o decirme algo. A lo mejor me está diciendo cosas».

Debió de sentirse incómoda, porque me limité a mirarla, inmutable ante su broma. Pero es verdad que algo de razón tenía. No me refiero a lo de su vagina, sino al tema de su cuerpo. El hecho de que «no arrancase» significaba algo. Creo que su cuerpo estaba tratando de decirle algo, algo que ella intentaba no escuchar. O tal vez no estaba en condiciones de hacerlo. Hasta ahora.

Mientras trabajábamos juntos, me enteré de que Jessica se había criado con una madre soltera y con la falsa creencia de que los hombres siempre abandonan el hogar. Su padre salió en la foto familiar fugazmente y luego se marchó. Desde entonces, no tuvo contacto con él. Sus primeras experiencias amorosas fueron novios que la engañaron o la dejaron. Según se fue haciendo adulta, comenzó a perderse en los hombres. Hacía cualquier cosa para evitar que la dejaran. Esto significaba reprimir sus sentimientos, ignorar las señales de alarma y anteponer siempre las necesidades de ellos frente a las suyas. Y, por supuesto, la mayoría de ellos se fueron. Esto endureció su corazón y consolidó su falsa creencia. Cuando llegó a la veintena, sus relaciones sólo duraban unos seis meses y ya no eran sus parejas las que se iban. Era ella.

Al igual que una bailarina de *striptease* utiliza el escenario para empoderarse, Jessica utilizó Instagram para sentirse querida y deseada... a su manera. Cuanto más seguidores cosechaba, más pretendientes tenía. Salía con muchos de ellos y los dejaba antes de que ellos la dejaran a ella. Le pregunté si se había enamorado alguna vez y me admitió que sí. Dos veces. Antes de ser «Instafamosa». Mientras analizábamos esas dos relaciones, me di cuenta de que era la primera vez que hablaba de ellas y las reconocía como pérdidas. Nunca había llorado esas relaciones. En vez, se había puesto en piloto automático y decidido «seguir adelante».

Muchas de las siguientes sesiones fueron para centrarnos en su pérdida. Para aceptar lo que tuvo una vez. La alegría de cada una de las personas que había amado. El poder de la conexión que tenía con cada una. No eran malos tipos. Sólo eran jóvenes, como ella.

Cuando una relación se acaba, hay una pérdida. Muchos de nosotros no lo vemos. O no queremos verlo por el dolor, el miedo y la rabia que sentimos. No aceptamos las partes buenas. No nos permitimos echarlas de menos por miedo a que eso signifique que la persona que hemos perdido (o la relación) siga teniendo poder sobre nosotros. Pero no se trata de poder. Se trata de dos personas que compartieron sus corazones y lo hicieron lo mejor que pudieron. Y una relación no es menos real por ser tóxica. Hay recuerdos reales. No importa lo mal que haya acabado, hubo momentos de magia y conexión y risas y ahora los has perdido.

Si no lloras por la muerte de la relación y te permites sentir todo lo que has perdido, sino que te limitas a barrerlo debajo de la alfombra, acabarás lidiando con ello de otras maneras. Si no es con sexo, drogas o comida, a lo mejor es enganchando una relación con otra. Lo que no hayas llorado será como un virus que llevarás contigo y contagiará a todas tus relaciones.

«Mi mujer ya no me la come»

Hay algunos clientes que no te gustan. Te molestan mucho. A veces no sabes muy bien por qué. Sí, están a la defensiva, te rebaten todo y no quieren esforzarse. Pero no es por eso por lo que no te gustan. El problema no es en qué momento están. Es lo que son. Son personas con las que probablemente no pasarías tiempo en la «vida real». Y siguen volviendo, que es lo que más te molesta, porque como terapeuta no puedes decirles a tus clientes que no vuelvan por eso. Quiero decir, puedes, pero probablemente terminarás en las últimas páginas de una de esas revistas de terapeutas que mencionan a todos aquellos que han perdido su licencia.

Jon era uno de esos clientes. No vino por decisión propia. Lo enviaron. Esto sucede mucho en mi mundo. Por lo general, los hombres llegan a mí por sus novias y esposas, que piensan que están enviando a sus hombres a un campamento de buen comportamiento, convencidas de que, por arte de magia, volverán con modales, herramientas emocionales y un nuevo aprecio por la vida y su pareja. Jon me dijo que su esposa me había escuchado en el «*podcast* de Dax», que él mismo no había escuchado. Su mujer pensó que yo podría darle algunos «trucos para las relaciones».

Ya esas primeras palabras que salieron de la boca de Jon me molestaron. ¿Por qué tenía que mencionar que no había escuchado mi episodio en el «*podcast* de Dax»? (Por cierto, el *podcast* se llama *Armchair Expert*, no «*podcast* de Dax», como si conociera a Dax personalmente o algo así). Te diré por qué. Porque quería que supiera que no era mejor que él. Y por supuesto, que lo único que quería de mí eran «trucos para las relaciones». Era un tipo demasiado *cool* para ir a terapia y por eso me habló como si yo fuera un entrenador de perros. Me habría molestado menos si hubiera venido y me hubiera dicho simplemente: «Mira, Kimbo, no creo en la terapia. No creo en ti. Sólo estoy aquí porque mi esposa ya no me la come. Arréglalo». Si Jon hubiera dicho eso textual, habría estado encantado con él. Esa clase de honestidad derriba muchos muros.

Al final, tardó muchas sesiones en descubrir que se sentía así. Jon nunca había ido a terapia porque no creía en ella. Yo no le caía bien porque su mujer me seguía en las redes sociales y escuchaba mis *podcasts*, e incluso había comprado uno de mis audiocursos de relaciones (que se aseguró de mencionar que tampoco había escuchado). Y todo esto empezó porque ella no se la comió una noche, en el camino a casa desde Joshua Tree. Por supuesto, el verdadero problema no era ése. Se trataba de que él no estaba presente en su matrimonio porque no había superado su relación anterior.

Llamémosla Sally. Sally del Valle. Jon conoció a Sally cuando tenían veintitantos. Era ese pegajoso amor juvenil codependiente que te hace perderte en la otra persona. Pero como Jon nunca había ido a terapia, no sabía que no era un amor sano. Sólo recordaba lo tenso que era y lo mucho que a Sally le gustaba comérsela. Pero ¿realmente le gustaba? ¿O tenía miedo de perderlo? ¿Quizás pensaba que eso es lo que hace una buena novia? Nunca conocí a Sally, pero estoy bastante seguro de que no estaba tan obsesionada con el pene de Jon como él decía.

Mientras continuábamos analizando su relación con Sally, Jon empezó a darse cuenta de lo mucho que ella lo había herido cuando rompió con él. Se dio cuenta de que nunca lloró realmente esa pérdida. Nunca la aceptó ni la superó. En su lugar, comparó todas las demás relaciones posteriores con la de Sally del Valle porque esa relación había dejado la huella amorosa más profunda en él.

Finalmente se permitió sentir todo el dolor de esa relación caducada. Al seguir por ese camino, descubrimos más viejas heridas por haber crecido con una madre alcohólica que cambiaba a los hombres como si fueran calcetines, hombres tóxicos que intimidaron a Jon y le dieron una definición distorsionada de lo que era un hombre. Se dio cuenta de lo poco saludable que era su relación con Sally. Esto le hizo cuestionar si realmente había sido amor. Por fin vio el documental completo en lugar de limitarse a ver el tráiler de la película romántica una y otra vez. Estas reflexiones le proporcionaron una nueva perspectiva y una nueva apreciación de su esposa y de lo que estaban construyendo. Con esta nueva perspectiva, Jon pudo estar plenamente presente en su relación con ella y crear una nueva definición del amor, una que no se basaba en otras personas. Fue capaz de construir algo nuevo. Algo fresco. Algo sano. Algo real.

Dos cosas sobre los clientes que se resisten a la terapia: Una, te das cuenta de que realmente te caen bien una vez que ves a la persona real, con una historia real, que se esconde detrás de esa resistencia. Y la segunda es que te das cuenta de que su resistencia inicial te recuerda a ti mismo. La historia de Jon me caló, muy hondo. Pude identificarme con lo que le estaba pasando. Yo también he comparado mis relaciones con las anteriores. Juzgaba los amores actuales con experiencias más antiguas porque el sentimiento de ese amor joven del pasado era muy poderoso. Todavía no había aprendido que las relaciones disfuncionales son como la heroína. Y eso es lo que perseguía. No el amor. El amor real no te deja sin palabras. El amor real es un reflejo en el espejo.

Mi siguiente experiencia amorosa (avance)

Por fin estaba preparado para conocer gente de nuevo. Estaba conectando con mi «yo» a través de mi trabajo y con mi cuerpo a través del *crossfit*. Por fin tenía un sentido de mí mismo, una amiga asiática y ganas de una nueva experiencia amorosa. Pero, aparte de unos cuantos besos desprolijos en la pista de baile de un club nocturno de Ktown y algún que otro coqueteo en fiestas, no conecté con nadie. Estar soltero era una mierda.

Mientras tanto, empecé un blog en Tumblr (cuando Tumblr estaba de moda). Lo llamé *The Angry Therapist*. Pensé que era divertido que un terapeuta pudiera estar enfadado. Pero para ser sincero, era más triste que divertido. Había estado enfadado la mayor parte de mi vida. Y este enfado era un gran muro de piedra que me impedía conocerme de verdad. Al escribir en el blog y expresar mi verdad, poco a poco empecé a romper ese muro. Empecé a descubrirme a mí mismo a través de este pequeño blog. *The Angry Therapist* se convirtió en mi pequeño gran secreto. Un diario digital sólo para mí. No pensaba que nadie lo fuera a leer.

Entre una publicación y otra, me desplazaba por mi *feed*. Un día, una publicación me llamó la atención. Una guapa chica americana en Japón. Publicó un WOD (*workout of the day*, o ejercicio del día): correr de espaldas en su barrio. Me llamó la atención porque era algo de *crossfit*. Eso, y el hecho de que era una chica blanca sureña que hablaba japonés con fluidez. Me pareció alucinante. Okey, también fue por su pelazo largo y sus bonitos ojos marrones. Pero tenía pareja, así que no la veía así. De verdad. Estaba más fascinado por su vida en Japón y la cultura del país. Siempre había querido visitar Japón.

Así que nos convertimos en «ciberamigos» y comentábamos las publicaciones del otro. Ella quería consejos amorosos porque su relación no iba bien. Yo no vi esta noticia como una oportunidad. Lo que empezó como una petición y un consejo acabó en un intercambio de largos correos electrónicos sobre la vida, el amor y los sueños durante meses y meses. Mientras tanto, yo seguía encontrándome a mí mismo. Me hice algunos tatuajes. Me compré una moto. Ella terminó rompiendo con su novio y decidió volver a su casa en Georgia. Seguimos escribiéndonos largas cartas cual amantes separados por la guerra. Excepto que no éramos amantes. Bueno, hasta que finalmente fui a visitarla a Georgia y nos besamos en la terraza de un bar-restaurante. Y eso se convirtió en una relación a distancia hasta que ella se mudó a Los Ángeles seis meses después.

Salimos durante los dos años y medio siguientes. Era dulce y amable y me trataba mejor de lo que me había tratado nadie antes. Me hizo sentir como si fuera la octava maravilla del mundo. Y nunca me he sentido así en ninguna relación. Me cocinó *shrimp and grits.* Me tomó de las dos manos. Defendió mi trabajo. Creó un espacio seguro que me hizo sentir valorado. Fue la primera chica que se montó en la parte de atrás de mi motocicleta. Era una artista. Yo escribía. Éramos jóvenes y libres y nuestro amor parecía sacado de una película de los sesenta.

Pero luego comenzó a desvanecerse. Empezamos a distanciarnos. Espera, tal vez debería hablar en primera persona, como animo a mis clientes a hacer. Fui yo. No ella. Estaba confundido. Ya no estaba allí. Y no sabía por qué. Tal vez se estaba volviendo demasiado serio y no estaba listo para sentar cabeza. Me di cuenta de que empezaba a criticarla cada vez más. Me estaba saboteando. Intimidando. O quizás la estaba poniendo a prueba para ver si ella se defendía. No lo sé, pero no me gustaba quién era yo entonces. Un niño enrabietado que no quería acabarse la comida del plato.

En lugar de enfrentarme a mis sentimientos de desconexión, me dejé llevar y culpé a la química que estaba desapareciendo entre nosotros. Me desentendí. Finalmente, decidí ponerle fin. Fue una de las cosas más difíciles que tuve que hacer. No sólo porque técnicamente no había nada malo en nuestra relación, sino porque ella no lo vio venir. Terminar una relación sin avisar puede ser un acto de violencia. Lo sé. He visto cómo afectaba a mis clientes. De repente, me convertí en el imbécil por el que la gente va a ver a un terapeuta.

No fue hasta un año después de que yo terminara la relación y ya hiciera mi propia terapia que me di cuenta de que no sólo había sido un cretino. Había buscado fallas y saboteado a propósito la relación porque la comparaba inconscientemente con mi matrimonio. Fue la primera relación que tuve después de mi divorcio. No era tan intensa como mi matrimonio y confundí la falta de intensidad con la falta de amor. Por supuesto que no era tan intensa. Porque yo era más sano y había crecido. ¿O no?

Lo que ocurre con el crecimiento es que no es una constante. El hecho de que hayas trabajado en ti mismo no significa que hayas terminado o que no vayas a volver a las andadas. Trabajar en uno mismo es un proceso interminable, no algo que se hace en una sola vez. Nos conectamos y desconectamos de nosotros mismos constantemente, dependiendo del momento en que nos encontremos en nuestra vida, de lo que estemos viviendo y de la calidad de nuestras relaciones.

La gente cree que cuando comienzas una relación, el trabajo se acaba. Has terminado. Lo has conseguido. Has encontrado a alguien. Has llegado a la isla. Gracias a Dios. Ya no tienes que «salir contigo mismo» (es decir, trabajar en ti). Pero la verdad es que se necesita aún más trabajo con uno mismo cuando se está en una relación que cuando se está sin pareja. Porque ahora las probabilidades de que vuelvas a ser quien eras antes de embarcarte en tu viaje de superación personal son mucho mayores.

He aquí el porqué. Primero, lo obvio. Ahora estás compartiendo con otra persona todo el tiempo que estabas dedicando a ti mismo. De eso se trata, ¿no? Estás eligiendo compartir tu vida con alguien. Así que deberías hacerlo. Pero a medida que las rutinas y los horarios se mezclan, la nueva prioridad en tu vida pasa a ser la relación en lugar de la que lo era antes: tú. Esto hace que sea fácil dejar de trabajar en la conexión con uno mismo. Es fácil olvidar el tiempo a solas que necesitas para recargarte, dejar esa clase de yoga a la que nunca faltaste cuando estabas soltero. Ahora en todo hay que ceder un poco y acordar. Haces lo que le gusta a tu pareja. Y después haces lo que te gusta a ti. Su restaurante favorito. Tu restaurante favorito. Su tipo de película favorita. Luego la tuya. En teoría, a los dos les gustan algunas de las mismas cosas o probablemente no estarían juntos. Esta coincidencia de gustos y preferencias es el espacio sombreado en el diagrama de Venn de la relación etiquetado como «en común». Puede tratarse de cualquier cosa, desde la comida hasta los valores o su orientación en la vida. Las zonas en las que los dos no comparten el sombreado se llama «acuerdo». Es un hecho sano y normal que todas las relaciones tengan ese espacio. Sin embargo, hay una diferencia entre el acuerdo y el acuerdo con uno mismo. Esta es la razón no tan obvia y más importante por la que necesitas seguir pedaleando en tu propia bicicleta cuando estás en una relación, y por la que ser soltero a propósito no es sólo para solteros.

Cuando estás soltero, sólo estás lidiando con tu propia mierda: todos tus desencadenantes, adicciones, arrebatos tóxicos, patrones de pensamiento y comportamientos que te mantienen atascado y estancado en el ayer. Cuando estás en una relación, estás lidiando con tu mierda más la mierda de otra persona. Como todo el mundo tiene mierda, esto es inevitable. Si tienes una historia, tienes mierda. Cuánto de ella has trabajado depende de cuánto has trabajado en ti.

Pero aquí viene lo interesante. Cuando dejas de trabajar en ti mismo, empiezas a ir a la deriva. Primero, contigo mismo. Empiezas a comprometer tu sentido del «yo». Empiezas a negociar de nuevo. Vuelves a caer en los viejos patrones. Caminas hacia atrás. Tu relación contigo mismo empieza a derrumbarse. Sabes menos sobre quién eres hoy. Te sientes confundido e inseguro de lo que quieres. No te sientes bien contigo mismo. Entonces, como esto cambia la dinámica de la relación, empiezas a alejarte de tu pareja. O tu pareja empieza a alejarse de ti. O ambos se alejan. Es en este punto donde la mayoría de las parejas tiran la toalla. La relación se ve directamente afectada cuando cada uno deja de pedalear en su propia bicicleta, deja de construir su relación consigo mismo.

Recuerda todas las veces que pensaste que estabas en el camino correcto, creciendo y convirtiéndote en una mejor versión de ti mismo, luego te enamoraste y te encontraste dando marcha atrás. Le pasa a todo el mundo. Incluso a los terapeutas.

Arte callejero, un loro y una melena dudosa

A estas alturas, cuatro años después de mi divorcio, ya me había hecho mi propio círculo. Tenía a mis amigos moteros y de *crossfit*. Tenía a Sam, Joey y Ronaldo, mis amigos de los «*crêpes* y el capuchino» con los que podía hablar de todo mientras tomaba un café y tener conversaciones profundas que muchos hombres no suelen tener, como sobre nuestros propios sentimientos. También tenía algunas amigas, algo que jamás pasó durante mi matrimonio. Mientras estuvimos casados, mi exesposa tuvo montones de amigos y yo siempre me ponía celoso. Ahora me tocaba a mí. Qué agradable era por fin tener amigas, sin buscar nada más. Por supuesto, eso no duró mucho.

Una noche, una de mis mejores amigas me invitó a salir por mi cumpleaños. La llamaré Patricia. Nos conocimos en el CrossFit Box y nos habíamos hecho buenos amigos porque ambos estábamos viviendo una etapa de superación. Hablábamos el mismo lenguaje. Ella también estaba divorciada y se había mudado a Los Ángeles para empezar una nueva vida. Su sueño era trabajar como artista de 3D en Hollywood, pero acabó encontrando su vocación y pasión en el arte callejero, para el que tenía un don natural. Cuando salimos para celebrar mi cumpleaños, acabamos besándonos. O, mejor dicho, me tomé una cerveza (no me hace falta más) y la besé, y ella me devolvió el beso. Después de eso, todo sucedió muy rápido. Suele pasar cuando partes de una amistad. Es como si la relación se subiera al Halcón Milenario y fuera a la velocidad de la luz.

Nos fuimos a vivir juntos. Nos compramos un loro que silbaba «Next Episode» de Dr. Dre y me dejé el pelo largo. Siempre había querido hacerlo, pero no lo había hecho porque no llevaba bien la etapa intermedia. Íbamos al supermercado juntos. Hacíamos ejercicio juntos. Llenamos los muros de Los Ángeles con nuestras obras. Y tuvimos un sexo increíble: con ella fue la primera vez que usé juguetes sexuales y descubrí un mundo completamente nuevo, uno sin juicios ni prejuicios. Era el sueño hecho realidad de todo chico convertido en hombre. Al cumplir esos sueños, ella me ayudó a quitar la vergüenza de las imágenes pornográficas con las que me había criado mucho antes de estar preparado para ellas. Pero lo más importante, hizo que no tuvieran nada de malo.

Era una relación intensa. Era como la emoción de faltar a clase. No hacía falta que nos entendieran. Sólo necesitábamos entendernos a nosotros mismos. Era una novia increíble y una persona maravillosa. Además, ambos habíamos superado ya otros baches amorosos, así que teníamos cierta experiencia y varias herramientas. Por fin. Éramos adultos que se amaban de forma consciente. Teníamos nuestras propias vidas. Nos expresábamos. Por fin tenía un sentido del «yo». Por fin conectaba conmigo mismo. Sabía quién era y hacia dónde iba. Estaba construyendo una vida, una que no giraba en torno a perseguir apariencias. Una con significado y propósito. Una vida real. Nuestra relación cumplía todos los requisitos de algo saludable y sostenible.

O eso pensaba.

Igual que cuando te lleva la corriente de agua y no sabes lo lejos que estás en el mar, en una relación no te das cuenta de lo lejos que has ido a la deriva hasta que de repente lo sabes. No había nada malo en nuestra relación. Nadie tenía la culpa. No había nada tóxico. No había gritos, ni peleas ni infidelidad. Sólo dos personas desconectadas de sí mismas.

Como terapeuta, puedo decir que siempre hay una razón para el distanciamiento. Me he preguntado cuánto del distanciamiento en esta relación se debía a mis dos años de insomnio y depresión por ir por la vida como un tubo de escape. Me he preguntado cuánta rabia y resentimiento tenía ella por haber dedicado tanto tiempo a ayudarme a construir mi propio negocio. Y cuánta sed tenía yo de algo más que juguetes y antifaces en el dormitorio. Supe que algo iba mal cuando admitió que ya no le gustaba mi pelo largo, pero también supe que no era por el pelo. Ella y yo siempre habíamos tenido problemas para expresar lo que sentíamos. Sin embargo, aunque sabía que algo iba mal en nuestra relación, no trabajé en ello. Estaba cansado. Convertirme en un mejor yo de repente era como una valla publicitaria, una por la que no quería volver a pasar. Así que miré para otro lado.

Para cuando quise acordarme, estábamos abrazados y sollozando descontroladamente porque yo me mudaba del apartamento. Y en ese momento, pensé: ¿Hay un patrón aquí? ¿Siempre me alejaba después de dos o tres años de relación? Todas las relaciones en las que había estado parecían durar aproximadamente tres años, y siempre era yo quien las terminaba. ¿Sucede algo más profundo? Tal vez estaba comparando las relaciones con las anteriores, o tal vez simplemente no tenía lo que había que tener para ser monógamo. Tal vez sólo perseguía el subidón, y cuando éste se desvanecía, me marchaba. ¿Era un hipócrita? ¿Estaba lleno de mierda? ¿O era que mis relaciones simplemente se habían desarrollado así?

Sé que yo buscaba una intimidad más profunda, y ella admitió que le costaba dar algo más que la piel. Pero eso es todo lo que sabía. De todos modos, me fui. Otra vez. Así de fácil. Esperaba que me rogara que me quedara, pero no lo hizo. Y lo tomé como una señal, lo cual no era justo para ella. Debería haber tratado de trabajar en la relación. Pero en lugar de eso, me mudé. Salí corriendo. Más tarde me dijo que pensaba que sería una separación de prueba y que volvería. Yo no lo sabía. Me pregunto si de haberlo sabido habría cambiado las cosas.

Dos semanas después de marcharme, acabé besando a

otra amiga común. Era una «*influencer*» de yoga y me hizo sentir deseado de nuevo. No estaba buscando nada. Los dos estábamos pasando por un momento de inflexión y me sentí conectado a ella. Bueno, la verdad es que me sentía solo y buscaba a alguien que me validara. Creo que le eché la culpa a la luna llena de esa noche, pero en realidad era mi falta de voluntad para enfrentarme a cosas difíciles. Como lo de estar solo. Era yo quien optaba por el camino más fácil.

Y de repente acabé en Hawái, practicando yoga en la playa y conociendo a la familia de mi amiga. Todo iba demasiado rápido y no estaba preparado. Sólo perseguía la aprobación y la validación y el súper subidón de sentirme deseado, algo que no había sentido en mucho tiempo. Por supuesto, cuando Patricia se enteró, las nubes de la tristeza se abrieron y dieron paso a un huracán. La mierda se multiplicó por diez. Intenté poner excusas porque técnicamente estaba soltero. Pero no estaba bien. Tres años con alguien merecen un período de cortesía. Y un respeto por la relación caducada antes de liarse con una amiga en común en la playa una noche entre semana. Yo lo sabía, pero mi comportamiento no encajaba.

La chica del yoga y yo sólo duramos un par de meses. Después de tener mi primer ataque de pánico una noche por la culpa y la ansiedad de meterme en algo demasiado rápido, y por culpa del daño que le causó a otra persona, pensé que lo mejor sería que tomáramos caminos separados. Necesitaba estar solo. Otra vez.

Igual que los doce pasos de Alcohólicos Anónimos, hay que dar ciertos pasos para declararse soltero. El propósito no es anunciarse, sino prometerte que serás una mejor persona gracias a lo ocurrido. La soltería no es sólo un estatus. La soltería es una elección para tomar tus lecciones amorosas y crecer.

Paso 1: Acepta que tu relación ha caducado

Sé que esto suena cruel. Las relaciones no son leche. Estamos hablando de un ser humano que compartió su corazón contigo. Pero se trata más bien de una recolocación, de un cambio de mentalidad, de una forma diferente de verlo para ayudarte a aceptar que la relación se ha acabado y es hora de pasar página.

Una de las cosas más difíciles de una ruptura es preguntarse si podría haber sido diferente. ¿Y si hubiera hecho esto? ¿Y si ella fuera más así? ¿Y si…? ¿Y si…? Los «y si» nos mantienen agarrados, haciéndonos sentir como una mierda. Reproducimos las escenas de lo más destacado en lugar del documental completo. Nos ahogamos en nuestras emociones, cuestionando si tomamos la decisión correcta o si podríamos haber hecho más. Todos estos pensamientos nos mantienen atascados.

Tu relación está vencida, ha caducado. No estaba destinada a durar ni un día más ni uno menos. Ha seguido su curso. No por ti ni por tu pareja, sino por otra razón: tu relación ha llegado a su fecha de caducidad. Tienes que creértelo.

Paso 2: Corta por lo sano

Uno de los mejores regalos que me hizo mi exesposa fue trazar una clara línea roja. Límites firmes. No lo aprecié en ese momento. Ella redujo toda la comunicación, textos, correos electrónicos, llamadas telefónicas. Me quedé muy frío. No entendía cómo se podía pasar de conocerse durante diez años a no conocerse en absoluto. Pero parte de lo que se sentía «frío» provenía de que era un chico que no podía valerse por sí mismo. Ella necesitaba el espacio y se estaba protegiendo. Quizá por primera vez en su vida. Quería avanzar. Y gracias a Dios, porque yo no tenía fuerzas para hacerlo. Yo quería seguir conectado. Aferrarme a su pierna y no soltarla. Su corte del cordón umbilical me obligó a seguir mi propio camino.

No hay manera de evitar esto. Debes dejar de ser amigo, seguidor y subscriptor. Deja de enviar mensajes de texto y de llamar. Resiste el impulso de dejar un mensaje de voz. Tienes que pasar página. Quizá no para siempre. Quizá los dos puedan ser amigos algún día. Pero eso no llegará si no te das espacio ahora. Si no lo haces, sólo estarás pelando costras de una cicatriz. Tienes dos rehenes: tu ex y tú. Respeta la relación y lo que tenías respetando la caducidad. Traza límites firmes.

Pero ¿qué pasa si tienen un hijo?

Se comunican. Se ponen de acuerdo y establecen límites saludables lo mejor que puedan. Puede ponerse feo. Cuando estamos secuestrados por las emociones, podemos utilizar a nuestros hijos como piezas de ajedrez. Incluso sin querer. Nuestras emociones son el elefante, nuestra lógica es el pequeño jinete en la parte superior, y el elefante va a ir donde va a ir. Pero es fundamental que establezcas algún tipo de límite o la sanación no se producirá. No hay manera de evitarlo. El espacio es lo que cura. Si no lo consigues, no avanzarás. En su lugar, ambos tendrán grilletes alrededor de los tobillos por los residuos de la relación.

¿Y si tu ex no quiere comunicarse? ¿O complica las cosas? ¿Y si está demasiado enfadada? ¿Y si tú estás demasiado enfadado?

Solicita un mediador o un especialista en parejas. No para arreglar la relación, sino para ayudarlos a ambos a crear límites saludables y a respetarse mutuamente mientras avanzan. Asegúrate de que estos límites sean muy claros, o se abrirá de nuevo el espacio para el dolor, lo que sólo conducirá a malas reacciones. Si no puedes hacerlo por ti, hazlo por tu hijo. Recuérdale eso también a tu ex.

Recuerda tirar del amor, por muy duro que sea. No importa lo enfadado o disgustado que estés por lo sucedido. Ya sea porque haya habido abuso, infidelidad o simplemente el distanciamiento de dos personas, no vivas en lo que pasó. Date un espacio personal para procesarlo y empezar a sanar para no volver a caer en la antigua dinámica de la relación.

Si no puedes respetar a tu ex, al menos respeta la caducidad de la relación. Estás tú. Está él o ella. Y está lo que han construido. Es una cosa que respira y que ha muerto. Quédate de tu lado de la valla para así respetar esa muerte. No participes de chismes ni tengas arrebatos. No utilices a tu hijo para tirar de la cuerda. Pon límites sanos.

Paso 3: Hazte responsable

Éste es el paso que a menudo olvidamos. O del cual huimos. Pero es el más importante.

La mayoría de nosotros culpamos a los demás. Señalamos con el dedo y nos apresuramos a explicar todo lo que nuestra ex hizo mal. Esto se convierte en un disco rayado que nos hunde más. Al culpar a tu ex, te pones en modo víctima, como si fueras impotente ante lo que pasó. Y sí, muchos de nosotros hemos sido víctimas. Si has estado en una relación abusiva, física o emocional, has sido víctima.

Te han quitado algo. La autoestima, la voz, el sentido del valor. Y eso no fue tu culpa.

Sin embargo, para muchas relaciones, lo que ocurrió no es blanco o negro. Claro que tu pareja era una mierda a veces, pero ¿eras tú perfecto? En lugar de sentir el dolor de una relación caducada —y no olvides que una relación siempre implica a dos personas— es más fácil demonizar a tu ex. Esto puede hacer que te sientas bien, pero al ignorar tu propio papel, te estás preparando para que se repita la situación. Al culpar y no asumir ninguna responsabilidad, estás viviendo en el pasado en lugar de crear las bases para un futuro mejor.

La forma de evitar que la historia se repita es asumiendo la responsabilidad. Así es como recuperas tu poder. Así es como conectas de nuevo contigo mismo. Sin tomar posesión, no hay crecimiento, aprendizaje o evolución.

No siempre he asumido mi responsabilidad. En lugar de sentarme conmigo mismo tras la ruptura con Arte Callejero, me lancé a algo nuevo dos semanas después, con alguien que conocía. Entiendo que esto sucede todo el tiempo, y por eso la gente reserva sesiones conmigo. Pero no creo en herir a la gente de esa manera. Cuando lo hacía me sentía solo. También era egoísta y estaba confundido. Y me equivoqué.

Cuando asumes tu parte en la ruptura, puedes empezar a crecer de nuevo. Rodeas lo ocurrido con un marcador rojo, pero también te recuerdas a ti mismo que eres humano. Asumir la responsabilidad hace que aceptes la ruptura, aprendas de ella y tengas el deseo de ser mejor. No se puede crear un espacio para el crecimiento cuando estás a la defensiva, pones excusas, te alejas de la lógica y te dices a ti mismo y a todos los demás todas las razones por las que no fue tu culpa. Estás huyendo de ti mismo en lugar de ir hacia ti. Sigues adelante, pero no avanzas.

Paso 4: Céntrate en ti

Cuando una relación se acaba, queremos saltar a otra cosa tan rápido como sea posible (y hablo por experiencia propia). Buscamos nuestro próximo viaje justo después de llegar del último, sin darnos tiempo a procesar realmente lo que ha pasado y cómo nos sentimos al respecto. Obviamente, es incómodo estar solo, y queremos una solución fácil. Pero el amor no es un parque de atracciones. Si sigues saltando de una cosa a otra, sólo repetirás patrones. Nada cambiará. Sé que lo he dicho antes, pero lo repetiré: el terreno para el crecimiento es muy rico cuando estás soltero. Pero sólo si te centras en ti. No en encontrar a otra persona.

Muchos no saben qué hacer consigo mismos cuando están solos porque obtienen su valor a través de amar a otra persona. Nunca han hecho que la vida gire en torno a ellos mismos, sino siempre en torno a los demás. Así que nunca han construido realmente una relación consigo mismos. Sólo se conocen a través de una relación. Y si esas relaciones han sido tóxicas, su relación consigo mismo también lo ha sido. Por eso es tan importante centrarse en uno mismo cuando estás soltero. También aportarás una versión más completa y auténtica de ti cuando encuentres a alguien que te merezca. La dinámica de la relación será diferente. No será como la última vez.

Entonces, ¿cómo lo haces? ¿Cómo te centras en ti? Apuesto a que si oyes «salir con uno mismo» una vez más, vas a saltar por la ventana. En lugar de pensar en tener citas tristes contigo mismo, piensa en cosas que siempre has querido hacer pero que no has hecho porque no tenías tiempo o dinero, o porque tenías miedo. Por ejemplo, viajar, practicar nuevas aficiones o asistir a esa clase de danza de Bollywood a la que hace tiempo que le has echado el ojo. Si decir que sí a nuevas experiencias significa «salir» contigo mismo, entonces deberías salir solo incluso cuando estás en una relación.

Pero trabajar en tu relación contigo mismo no consiste sólo en *hacer* cosas solo. Consiste en *estar* solo. A propósito. Sentarse con todo lo que surja, aunque sea incómodo. Romper por fin los patrones en los que caes para sobrevivir y anestesiarte cuando estás solo, notando lo que surge y por qué. Éste es el trabajo interior. El trabajo duro. Esto es lo que significa centrarse en ti. Aquí es donde construyes la relación contigo mismo. Es un proceso desde dentro hacia fuera, no desde fuera hacia dentro.

Mientras haces este trabajo, también practicas la autocompasión y el perdón. Acepta tu historia, suelta lo que necesitas soltar y empieza a apoyarte en tu evolución.

Paso 5: ¿Cuáles son tus nuevos «innegociables»?

Al sentarte contigo mismo y con lo incómodo, es el momento de aprender por qué haces lo que haces y de dónde viene aquello. Y, por supuesto, también es el momento de hacer un esfuerzo consciente para cambiar esos pensamientos y comportamientos y tomar un camino diferente. Cuando empieces a reproducir las cosas, hazte cargo de lo que ha sucedido en tu pasado y conéctalo contigo. (Recuerda que las relaciones, incluso las sanas, pueden desconectarnos de nosotros mismos). Al hacer esto, empezarás a trazar nuevos límites. Decidirás que hay cosas que no son negociables. Cosas que ya no tolerarás porque esa mierda no funcionó mejor a la decimocuarta vez. Recuerda: hay una diferencia entre aquello que no es negociable y las preferencias. Decirte a ti misma que sólo saldrás con hombres que midan 1,80 metros, ganen sueldos de seis cifras y conduzcan un Porsche antiguo no es algo innegociable. Eso se llama ser exigente. Lo no negociable son nuevas normas que has creado para ti y que se ajustan a tu nueva historia. Forman el contenedor que alberga y hace crecer tu sentido de autoestima.

Éstos son algunos de mis requisitos no negociables:

1. Nunca estaré en una relación abusiva, ni física ni emocional. No me importa si me vuelve loco y la química es de otra galaxia. Esto es un límite muy claro.

2. No estaré con alguien que no apoye mis pasiones o defienda mi historia. No tiene que estar de acuerdo conmigo en todo ni gustarle las mismas cosas que a mí, pero tiene que apoyar quien soy y lo que defiendo.

3. No estaré con alguien que no se cuide. No se trata sólo de hacer ejercicio o de mantener una determinada apariencia física.

No estaré con alguien que ignore su salud mental, emocional, física y espiritual.

4. No seré parte de una amistad desigual. Una en la que siempre tienes que acudir a la otra persona, y en la que ésta siempre hace que todo gire en torno a ella y nunca te deja espacio. Amistades superficiales.

No todos los aspectos no negociables tienen que ser cosas grandes, o importantes. La necesidad de poder bromear con la otra persona puede ser un aspecto no negociable. Pueden basarse en intereses y valores comunes. Tal vez ya no toleres estar con alguien que se pase el día jugando a los videojuegos. Los aspectos no negociables no son sólo para las relaciones y las amistades. ¿Cuáles son tus aspectos no negociables en el trabajo? ¿Con la familia? ¿Cuando se trata de hacer ejercicio? ¿O en casa? ¿Qué es lo que necesitas absolutamente con respecto a la nutrición y el sueño? ¿A qué no vas a renunciar nunca con respecto a tu práctica de la meditación?

Paso 6: No mires el tiempo

Una de las preguntas más comunes que me hace la gente después de una relación caducada es: ¿cuánto tiempo se tarda en superar a alguien? O: ¡Han pasado tres meses! ¿Por qué todavía no lo he superado?

Odio tener que decírtelo, pero no hay un tiempo fijo para «superar» a alguien. No hay una fórmula, ni pasos secretos. Y el hecho de que la última vez hayas superado a alguien en tres meses no significa que esta vez vayas a tardar lo mismo. La cuestión es la siguiente: cada relación es diferente. Dejan huellas en nosotros que varían en profundidad. Quien eres o eras en esa relación es diferente ahora. Hay demasiados factores implicados para poder juzgar o comparar tus relaciones caducadas de esta manera. Va a tomar todo el tiempo que tenga que tomar para sanar y avanzar.

Y ahora sal a coger con alguien

Supongamos que has hecho un trabajo interior. Que ya estás en un viaje de autocrecimiento y de autoconexión. Que has iniciado el proceso de aceptación y de responsabilidad. Que has empezado a pasar el duelo y a permitirte sentir la pérdida de las relaciones anteriores. Que honestamente sientes que estás en un buen momento y listo para explorar. Y que no estás hablando de involucrar a alguien de tu círculo social que sea conocido de tu ex. Asumiendo todas estas cosas, puede ser el momento de ir a coger con alguien.

Una de las cosas de las que me di cuenta después de que mi relación de tres años con Patricia terminara fue que nunca había tenido el tipo de experiencia de la juventud que la mayoría de la gente tiene a los veinte años. Siempre había tenido una relación. Sí, estuve soltero durante un largo período después de mi divorcio, pero pasé ese tiempo solo en una moto, frente a la pantalla de una computadora escribiendo mis sentimientos, o dentro de un CrossFit Box. Nunca había tenido sexo sin amor con alguien que conoces en un bar, de quien ni siquiera te acuerdas cuando te levantas por la mañana eso no importa porque sólo buscabas algo para una noche. Nunca había salido con varias personas sólo por salir, ni había salido sin la intención de que «fuera a alguna parte». Nunca había hecho un trío, ni había estado en una orgía ni había tenido una «amiga con derecho a roce».

Por lo general, había ido de flor en flor. Estaba soltero un segundo, luego conocía a alguien y de repente nos dividíamos el alquiler e íbamos a Trader Joe's los martes, porque el domingo era una mierda. Ahora, entiendo que sólo coger con la gente no conduce a la plenitud. Sé que conduce a sentimientos de soledad y a anhelos de algo más profundo. No es sostenible. Lo entiendo. Pero si nunca lo has experimentado, puede resultar curioso. Tal vez sea una fantasía que desearías haber cumplido hace tiempo para no tener que preguntarte más cómo será. Tal vez sientas lo mismo por las drogas si nunca las has consumido. (Por eso hace poco estuve a punto de tener una sobredosis de hongos alucinógenos). Te cansas de sentirte excluido cuando la gente comparte sus historias.

También abogo por que salgas a coger con alguien porque, además de satisfacer tu curiosidad, tenemos que deshacernos de las etiquetas y los «deberías». Zorras, putas, cogedores, desesperados, solitarios... todas esas etiquetas son perturbadoras y peligrosas, sobre todo cuando nos apropiamos de ellas y nos las ponemos a nosotros mismos. Lo que importa es el porqué, no el deseo. Si te acuestas con desconocidos porque no quieres estar solo, o para buscar la validación de tu valor y atractivo, o con la esperanza de que el sexo como cebo convierta un encuentro en una relación, no deberías tener relaciones ocasionales cada fin de semana. Porque lo más probable es que estés repitiendo un patrón poco saludable y que te levantes por la mañana sintiéndote peor que antes.

Por otro lado, si no has tenido más que relaciones desde la secundaria y por fin estás a gusto con tu cuerpo y quieres explorar tu sexualidad, ahora es el momento. Explorar tu sexualidad es, de hecho, parte del trabajo en ti mismo. Nuestra necesidad sexual es una necesidad básica. Somos seres sexuales. La mayoría de nosotros dejamos de lado esa necesidad cuando entramos en una relación a largo plazo. Luego no la alimentamos cuando estamos solteros porque tememos que el mundo piense que somos unas zorras. Pero no se trata de con cuántas personas te acuestas. Se trata de estar en un lugar saludable cuando te acuestas con otras personas.

Si nunca has tenido una aventura de una noche y quieres saber lo que se siente, entonces ve a hacerlo. Es decir, ten cuidado. No te encuentres con alguien a través de Craigslist. No queremos que acabes en un maletero. Pero si estás en una fiesta o en un bar o incluso en el supermercado y entablas una conversación con alguien y sientes una chispa, explórala. Alimenta ese deseo. No pasa nada. Si crees que alguien está bueno y quieres compartir tu cuerpo con él o ella, hazlo. Si quieres saber cómo se siente el sexo sin compromiso, date esa experiencia. Si quieres hacer un trío, usar juguetes sexuales por primera vez o estar con alguien del mismo sexo, añádelo a tu lista de autocuidados. Sólo asegúrate de que no corres peligro, de que te has comunicado para que todo el mundo esté de acuerdo y de que el motivo proviene de un lugar sano. **No estás evitando tus sentimientos a base de coger. Estás explorando tu sexualidad.** Hay una gran diferencia.

«Supe que era un error el día de mi boda»

Stacey tenía una salida. Su mejor amiga le dijo: «Lo único que tienes que hacer es mirarme a los ojos, y yo te tomaré de la mano y nos marcharemos a lo Thelma y Louise. Excepto por el final. Será como en los viejos tiempos. Como cuando nos saltábamos las clases de la Sra. Carpenter». Pero Stacey ya no estaba en la secundaria. Tenía treinta y dos años. Y había encargado un pastel, tenía un anillo en el dedo y más de ciento cincuenta personas se habían comprometido a celebrar lo que se suponía que era el día más feliz de su vida.

Stacey llevaba tres años con su prometido, Bob. El primer año fue genial, como lo son la mayoría de los primeros años. El subidón de descubrir a alguien nuevo. Nuevos brazos para abrazarte. Nuevos enfoques en las conversaciones. Nuevos restaurantes en los que comer. Y finalmente, alguien sano, con herramientas emocionales y consistencia. Entonces Bob encontró a Dios y se volvió «superreligioso». Decidió que no quería tener más sexo hasta que se casaran. Así que no tuvieron sexo durante dos años. El «genial» se convirtió en «bueno», luego en «tolerable» y finalmente en: «Es como mi hermano. Siento cero química con él». Pero ella ya había dicho que sí. Además, ahora estaba en la treintena y los treinta años eran para el matrimonio, los hijos y los BMW a juego. ¿O no es así? En el fondo, ella no creía eso. Simplemente no conocía otra cosa. Sólo había estado en otra relación, y había sido tóxica y abusiva. Era un patrón que necesitaba romper, o su vida nunca mejoraría.

De hecho, Stacey me encontró a través de Bob. Él escuchaba religiosamente mi *podcast*, leía mis libros, incluso recibía mis mensajes diarios. La remitió a mí porque pensó que yo podría «arreglarla». Siempre es una mala señal cuando alguien envía a su pareja a mí sin venir ellos mismos. Es un movimiento cargado de control y expectativas, y siempre le sale el tiro por la culata al que se quedó en casa. No se dan cuenta de lo rápido que a su pareja, que trabaja en la relación, le quedará chica esta relación.

Los terapeutas no somos médicos. No «arreglamos» a nadie. Somos más bien abono. Nos sentamos en la mierda todo el día y la usamos para ayudar a la gente a crecer. Así que saber que Bob me había enviado a Stacey me puso nervioso. Me lo imaginaba viniendo a mí un día gritando: «¡Nos has hecho romper, maldito fraude!». Gracias a Dios no tengo una oficina. Habría tenido que buscar en todas las cafeterías de Los Ángeles para encontrarme. De todos modos, esto me hizo pensar que ella iba a dejarlo. Era sólo cuestión de tiempo. Y por supuesto, lo hizo.

Cuando eso ocurrió, pensé que mi trabajo con Stacey había terminado. Pero sólo estaba empezando. Ahora que no estaba casada con su «hermano», era libre de hacer lo que quisiera (y con quien quisiera). En los cinco años que Stacey y Bob estuvieron juntos, sólo tuvieron sexo once veces. Eso es ¡2,2 veces al año! (No lo he dicho en voz alta, sino que estaba haciendo las cuentas en mi cabeza). Además, había ganado mucho peso. Era lo que yo llamo «peso para esconderse». Escondiéndose de sus problemas, de su miseria, de su marido, de sí misma y del mundo. Pero después de dejarlo, empezó a perder peso, aunque, según admitió, no hacía mucho ejercicio. Fue casi como si su cuerpo dijera: «Está bien, vamos a hacerlo», y empezara a perder peso por sí mismo. Y no sólo estaba literalmente más ligera. Su energía era diferente. Le dije lo que les digo a todos mis clientes que pasan por relaciones caducadas: «Fuera de tu cabeza, fuera de tu casa». Pero ella no necesitaba ese consejo. Siempre estaba fuera de casa. También iba a estudiar psicología. Tenía una nueva tribu. Para mí, era como trabajar con una persona nueva.

Una vez que estuvo preparada para volver a tener una cita —que fue más o menos el día en que terminó su matrimonio— se metió en las aplicaciones de citas. Todos mis clientes las odiaban, pero Stacey tuvo una experiencia totalmente diferente. Las aplicaciones de citas le dieron poder.

Las utilizó como una herramienta. Tuvo muchos pretendientes y empezó a acostarse con diferentes personas. No de una manera desesperada de decir «quiéreme». No buscaba el amor. Estaba explorando su nuevo cuerpo y su sexualidad. Quería probar todos los sabores, pintar con más de un color. Nunca lo había hecho. Ahora tenía la caja gigante con los cuarenta y ocho lápices de colores. «Ya no quiero vivir sin saber», me dijo. Dijo que explorar su sexualidad por primera vez la hacía sentir como una nueva mujer.

Me dije a mí mismo: «Vaya, lo que sea que la haga sentir así, eso quiero yo». Como mencioné antes, yo era un monógamo serial. Nunca había pasado por un período de exploración sexual intencional. Pero Stacey lo hizo, y se abrió a todo un mundo nuevo. Descubrir que era deseable le dio más autoestima, comodidad y conexión con su cuerpo. Esto le dio confianza y una energía que atrajo a más hombres. Todo tipo de hombres. Calvos, altos, bajos, fuertes, flacos, pesados, de pene grande, de pene pequeño. Fue abierta y desechó la idea de que tenía un «tipo». No se trataba de encontrar al elegido. Se trataba de encontrarse a sí misma.

El enfoque de nuestras conversaciones cambió del sexo y la sexualidad a los sistemas sociales, los modelos de relación, el poliamor y las relaciones abiertas. Se preguntaba si podría amar a más de una persona. Se preguntaba si podría estar lo suficientemente segura como para no sentir celos. Nunca había sabido que podía elegir. Pensaba que el matrimonio monógamo era el único camino. Tampoco estaba segura de si querría algo más que la monogamia si se enamoraba perdidamente de alguien. Tenía muchas preguntas. Yo también empecé a tener muchas preguntas.

La mayoría de las personas piensan que cuando salen de una sesión con su terapeuta cambiados y llenos de nuevas percepciones, el terapeuta se queda allí como una máquina expendedora de revelaciones, esperando que el siguiente cliente toque la máquina y entre para recibir nuevas percepciones y revelaciones. Pero la verdad es que los terapeutas también tenemos revelaciones y adquirimos conocimientos sobre nuestras propias vidas durante las sesiones y tras ellas. Las sesiones con nuestros clientes nos afectan tanto como a ellos. A veces más.

Era mi momento para ir a acostarme con alguien.

Aplicaciones de citas, mensajes directos y la primera vez que probé éxtasis

Salir con alguien es como querer conocer mejor a tu tío loco del auto dorado porque quieres tener tu propia experiencia con él y no creer lo que dicen los demás. Hasta que llegas a conocerlo y lo entiendes todo.

Yo estaba soltero de nuevo, y esta vez me decía que iba a tener citas, pero de verdad. No lanzarme a una relación con la primera persona con la que tuviera una conexión. Ése parecía ser el patrón en mi vida. Conocer a alguien, sentir algo, y de repente ya estamos compartiendo toallas de baño y andando en puntas de pie. Vamos a desglosarlo.

Mi primera relación real duró tres años durante mi veintena. Muchísima codependencia. Un aborto. Y, como descubrí veinte años más tarde, después de encontrármela casualmente en una reunión de Alcohólicos Anónimos, había besado a otra persona en un concierto. La siguiente relación fue un noviazgo de cinco años que se convirtió en un matrimonio de cinco años más. Fue el más importante. Más codependencia. Intimidad tóxica. La ponía en un pedestal. No me despegaba de su boca para ir a su pezón. Posible adicción al sexo y/o al amor. Perderme por completo. Después del divorcio, hubo otra relación de tres años, esta vez con la chica Tumblr de Georgia. Fui un controlador, ambivalente e infeliz con mi vida, como ella misma me dijo en su momento, pero yo no me lo creí. Luego Arte Callejero, mi experiencia de *Cuando Harry conoció a Sally*, la amiga convertida en amante. Otra relación de tres años. Mejores amigos. Muy divertido. Entrenamientos. Crear arte juntos. Juguetes sexuales por primera vez. La primera prueba de un amor más saludable. ¿Pero ves el patrón? Saltando de flor en flor, hasta los cuarenta años.

No estoy en el club de los 100 como la mayoría de mis amigos varones. No he tenido muchas experiencias sexuales. Así que cuando la última relación terminó, quise explorar. Probar todos los sabores, por así decirlo. Canalizar mi Stacey interior y su caja de ocsenta y cuatro colores. Tal vez incluso tener una aventura de una noche, algo que nunca había hecho antes.

Así que empecé a «tener citas». Me metí en aplicaciones. Me metí en el mercado. Salí de mi cabeza y de mi casa. Esto me llevó a tener citas para tomar un café, a aprender lo que era el *catfishing*, a darme cuenta de que nadie es como en las fotos y a no ser capaz de que se me levantara tres veces seguidas con una chica de San Diego (¡todavía me jode!). Resumiendo, estaba pasando por un período de baja testosterona y en lugar de escuchar y cuidar mi cuerpo, estaba tratando de forzar las cosas. Y cuanto más intentaba «darme una nueva experiencia», más vergüenza sentía por no poder hacerlo. Porque yo, como muchos hombres, he sido programado para vincular la hombría al rendimiento. No voy a mentir. Todavía es algo que desearía poder volver atrás y cambiar. Quiero arrancar de nuevo desde cero, una segunda oportunidad para sacarme un conejo de la chistera. Pero tal vez la lección es escuchar a mi pene. También sabe cosas.

Poco después de ese encuentro, probé el éxtasis por primera vez con alguien que conocí en Instagram. Siempre había oído historias sobre cómo el éxtasis te hace sentir cuando tienes sexo, pero nunca lo había probado. En realidad, no había consumido ninguna droga, salvo la única vez que una exnovia y yo casi morimos por una sobredosis de comestibles (fue en el momento álgido de mi insomnio, y no tenía ni idea de que comer medio *brownie* y tres gominolas era el equivalente a fumarse ocho porros).

La experiencia con el éxtasis comenzó como una cita amistosa para tomar un café que no llegó a ningún lado. Me pareció guapa, pero no buscaba el amor. Unas semanas después de nuestra cita para tomar café, le dije que nunca había probado el éxtasis, y le pregunté si quería probarlo conmigo. Ella estaba dispuesta. Vino con jugo de naranja y vitaminas para asegurarse de que yo estuviera bien al día siguiente, ya que mucha gente se deprime cuando desaparecen los efectos de la droga. Me pareció muy dulce. Pero no hubo *rave* ni sexo en la ducha. En realidad, fue una experiencia inocente muy dulce. Fue como «éxtasis para *dummies*», o Introducción al Éxtasis. No fue la experiencia de «despertarse medio desnudo boca abajo en un edificio abandonado» que yo esperaba. Comimos una ensalada, escuchamos música y tonteamos como si estuviéramos en un campamento de verano. Fue inocente y dulce, la versión apta para todo público del sexo con éxtasis. Tuvimos un puñado de citas después de eso, pero entonces conocí a alguien con quien empecé a salir en serio y eso acabó prácticamente con mi experiencia de «soltero salvaje que no experimentó a los veintitantos y ahora quiere hacerlo». Lo sé. Nada de orgías. Nada de tríos. Nada de despertarme junto a alguien que no quería en mi cama. Pero bueno, había que intentarlo.

Deseaba haber explorado más. Pero supongo que no estaba destinado a tener ese tipo de experiencias. Y, de todos modos, la vida nunca ofrece lo que imaginamos en nuestra cabeza. Aun así, por muy corta que fuera mi época de citas, me hizo crecer y aprender sobre diferentes energías y conexiones sexuales. Me hizo entenderme mejor. Ésa es la parte importante: entenderte mejor. Creo que la experiencia agudizó mi radar. Porque nunca se trata del sexo. Se trata de vivir nuevas experiencias para descubrir lo que quieres y lo que no, lo que te funciona y lo que no, lo que te gusta y lo que no. Cómo te sientes con algo. Cómo te hace sentir otra persona. Cómo quieres que te traten. Se trata de aprender más sobre ti mismo.

Aprendí que no soy carne de citas, que soy más feliz cuando estoy en una relación monógama, y eso está bien. Me gusta pensar en una persona y construir algo con ella. Aprendí que descubrir a alguien nuevo es excitante, pero que el mejor sexo y la intimidad más profunda provienen de la exploración con una persona durante mucho tiempo. A los cuarenta y seis años, me interesa un amor más profundo, no sólo el sexo, y no creo que eso se consiga saliendo con mucha gente. No sé qué pasará mañana. Puede que dentro de cinco años tenga cinco relaciones a la vez y que dos de ellas sean hombres. No lo sé. Pero esta es mi verdad hoy. Y no puedes llegar a tu verdad si no estás siempre buscando, explorando y descubriendo. Así es como se construye una relación contigo mismo.

Si tienes una relación monógama, el proceso sigue siendo el mismo y no necesitas una caja entera de lápices de colores. Sólo necesitas uno, junto con el valor de ser sincero compartiendo tus deseos y necesidades. La comunicación no es sólo una cuestión de sentimientos. ¿Qué se mueve en tu interior? ¿Por qué sientes curiosidad? ¿Cómo quieres que te amen, que te exploren, que te deseen? ¿Cómo quieres que te toquen de forma diferente y nueva? ¿Quieres utilizar juguetes en el dormitorio? ¿Realizar una fantasía? No se trata de acostarse con alguien. Se trata de redescubrirte a través de nuevas experiencias que cambien tus definiciones. Y eso lo puedes hacer con tu pareja. Las nuevas experiencias los acercarán a los dos y harán que sea menos tentador mirar al jardín de otra gente.

PONTE MANOS A LA OBRA

Tu vida sexual comienza contigo mismo. Siempre.

Antes de que hablemos de todo lo que tu pareja *no* hace, pregúntate si te sientes sexy como individuo. Sin tu pareja. O cuando estás rodeado de tus amigos «bien buenos». Sólo tú. Sin ropa sexy. De pie frente a un espejo. Descalzo y desnudo. ¿Estás contento con lo que ves? ¿O te encoges y te criticas duramente? Porque lo sexy no es sólo tu cuerpo. Se trata de tu relación contigo mismo.

Si no te sientes sexy hoy, ¿cuándo fue la última vez que te sentiste así? ¿Antes del alocado trabajo que ahora te deja apenas con la energía suficiente para ponerte el pijama al llegar a casa? ¿Antes de casarte? ¿Antes de que llegaran los niños? ¿Antes del accidente? ¿O se fue consumiendo poco a poco? Al igual que Stacey, ¿te insensibilizaste poco a poco con la comida para esconderte y no afrontar tu infelicidad? Lo sexy es algo más profundo que el aspecto de tu cuerpo. Sexy es una mentalidad, una actitud, un viaje que requiere que te conozcas, te ames y te aceptes mientras te motivas y te construyes.

Imagina que tienes cuatro pistones, como un auto. Y cuanto más bombean, más conectas contigo mismo, es decir, te sientes entero, completo y, en definitiva, como un ser sexual. La mayoría de nosotros sólo tiene un par de pistones bombeando. Porque la vida pasa y nos olvidamos de trabajar para mantenerlos al máximo rendimiento. Como un motor, dejas de avanzar cuando tus pistones dejan de bombear. Tu crecimiento se detiene. Tu evolución se detiene. Tu sensualidad se detiene.

Vamos a repasarlos. Pregúntate qué pistones necesitas comenzar a bombear nuevamente.

EL PRIMER PISTÓN

Dos cosas que he mencionado en otro lugar se aplican también aquí: mover el cuerpo y gustarse a uno mismo.

Aunque siempre he sido una persona muy sexual, no sé si alguna vez me sentí realmente sexy hasta que empecé a mover mi cuerpo. Sí, el *crossfit* me dio dos abdominales y medio y un trasero más redondo, pero fue la conexión conmigo mismo —la comodidad con uno mismo a través del movimiento— lo que me hizo sentir más sexy. Fue la primera vez que realmente disfruté haciendo ejercicio. Ya había hecho ejercicio antes y había levantado pesas desde la secundaria, pero siempre por razones estéticas, no porque me gustara. No fue hasta que encontré algo que realmente me gustaba que pude dejarme llevar por mi cuerpo y exigirlo más de lo que nunca antes lo había hecho, lo que rompió algunas de mis falsas creencias. Fue entonces cuando empecé a construir una verdadera relación con mi cuerpo. No una relación superficial.

Ésa es la pieza clave: construir una relación con tu cuerpo basada en lo importante, no en lo superficial. Esta base es el lugar donde nace la sensualidad. Si te limitas a hacerlo por inercia o a moverte para otra persona, la relación que construyas con tu cuerpo será superficial y, muy probablemente, de corta duración. Las personas construyen relaciones auténticas con sus cuerpos cuando se enamoran tanto del movimiento que éste se convierte en un estilo de vida. El yoga. Correr. Patinar. Escalar. Cualquier movimiento que produzca dopamina pero que también requiera disciplina. Cualquier movimiento que se convierta en parte de tu vida diaria porque te gusta mucho hacerlo.

EL SEGUNDO PISTÓN

¿Te gusta quien eres como persona? Me refiero a tu carácter. A tus valores. A tus dones. Tu historia. Tener un fuerte sentido de ti mismo.

Durante la mayor parte de mi vida adulta no me gusté a mí mismo. Vinculaba mi valor a lo que hacía, y como no tenía «éxito», no sentía que tuviera mucho valor. No tenía valores, ni carácter, ni una gran motivación. Me pasaba mucho tiempo en cafeterías escribiendo guiones y esperando poder venderlos para valer algo. No empecé a gustarme hasta que cambié de carrera y empecé una nueva vida y una nueva relación conmigo mismo. Empecé a gustarme sólo cuando comencé a escucharme, a tratarme mejor y a practicar la autocompasión, el autocuidado y la autodisciplina, todo lo cual forjó mi carácter. No fue hasta que me permití conocerme que empecé a gustarme. Pero, como la construcción de cualquier relación, el baile de gustarse a uno mismo es un proceso que dura toda la vida. Lo importante es empezar. Porque si no te gustas es imposible que te sientas sexy. Una vez más, puedes presentarte como una persona sexy, especialmente si has sido bendecida con buenos genes, pero no puedes sentirte verdaderamente sexy en el origen que se mueve desde el interior hacia el exterior. Eso viene de gustarte a ti mismo.

EL TERCER PISTÓN

A muchos de nosotros nos enseñan que el sexo es malo y pecaminoso. Así que sentimos vergüenza y culpa por explorar nuestros cuerpos y tener pensamientos y sentimientos sexuales. Lo reprimimos. Sin embargo, al hacer esto, estamos bloqueando una parte importante de nosotros mismos. Todos somos seres sexuales, al igual que somos seres espirituales. Si ignoramos o suprimimos esa parte, nos estamos desconectando de nosotros mismos y haciendo imposible sentirnos sexy. Esto sucede porque nuestra sensualidad se ha revestido de vergüenza, la frecuencia vital más baja, y la sensualidad y la vergüenza no pueden coexistir.

Es hora de eliminar la vergüenza y aceptar que eres un ser sexual y que está bien expresarse de forma sexual. ¿Cómo se vería eso en acción? ¿Llevar ropa que te haga sentir sexy? ¿Hablar de sexo y de lo que te gusta en el dormitorio con tu pareja? ¿Tener varias parejas (siempre que se comuniquen y todos estén de acuerdo)? ¿Ir a casa con alguien que acabas de conocer y no sentirte mal por ello? ¿Masturbarte más? ¿Usar juguetes con tu pareja? ¿Probar diferentes lugares? ¿Juego de roles? ¿Mazmorras sexuales? ¿Realizar fantasías? ¿Hacerlo con alguien que conociste en Internet?

O...

Tal vez para ti la aceptación de tu sexualidad signifique abstenerte por ahora. No tener sexo durante un tiempo. Tal vez el sexo se ha convertido en la barrera para la intimidad. Sí, has leído bien. Tal vez estés cogiendo a tus sentimientos. Usando el sexo como un escudo para esconderte detrás de tu miedo a revelar demasiado de ti mismo y el miedo a conocer a alguien en un nivel más profundo. Tal vez no lo sabías porque pensabas que el acto sexual significaba conexión. Mientras tuvieras sexo, estarías conectando con alguien. Pero nunca has tenido esa conexión contigo mismo. Has estado conectando con todos los demás. Tal vez sea el momento de redescubrir el sexo y lo que significa para ti. Tal vez sea el momento de dejar el escudo.

EL CUARTO PISTÓN

¿Te sientes sexy?

Somos seres sexuales. La necesidad de sentirse sexy está en nuestro ADN, en nuestro cableado, en el tejido de lo que somos. Sentirse sexy no es algo extra u opcional, no es algo que sucede cuando nos queda bien una prenda ajustada o recibimos un cumplido de un extraño. Lo sexy es una necesidad humana básica. Como la comida, el agua y el sueño. Y la única persona que puede satisfacer esa necesidad eres tú. Debes alimentar tu necesidad sexual a diario o te sentirás incompleto. Invisible. No alimentarla tendrá un impacto directo en quien elijas amar. Lo minimizarás, cederás, te negarás a creer que mereces algo mejor.

¿Cómo alimentas tu necesidad de sentirte sexy?

Así es como alimento mi necesidad sexual hoy por hoy.

Sudar a diario

Hago ejercicio a diario y varío yendo a varias clases para no hacer siempre los mismos movimientos y entrenamientos. Escucho a mi cuerpo y hago lo que me pide. Pero también sigo un programa (que me lo dan las clases) para tener un orden y marcarme objetivos. No hago sólo lo que tengo ganas de hacer. A veces hago una caminata, corro o nado al aire libre. Además, rara vez me ejercito solo. Utilizo las comunidades para motivarme y hacerme responsable, pero también para satisfacer mi necesidad social. Mato dos pájaros de un tiro. A través del ejercicio y el movimiento, construyo una mejor relación con mi cuerpo. Alivio el estrés, quemo grasa y desarrollo musculatura, pero lo más importante es que me siento más cómodo en mi piel. Eso me lleva a sentirme más completo, más seguro de mí mismo y, en definitiva, más sexy.

Paseos en moto

Cuando monto en moto, me siento completamente libre y presente. Mis sentidos se agudizan, me olvido de todos mis problemas y recuerdo que era un niño, sin ninguna preocupación en el mundo. Conducir me conecta con mi niño interior, al que no le importaba lo que los demás pensaran de él. Sólo hacía cosas que bombeaban adrenalina por mis venas y dopamina en mi cabeza. Ése es un estado que me hace no sentir miedo, y cuando no siento miedo, me siento sexy. Una moto me da esa sensación. Intento andar en moto varias veces a la semana. Doy paseos largos, cortos, por la playa, recorriendo cañones... dondequiera que vaya en mi moto me siento más vivo. Y todo lo que te hace sentir vivo también puede hacerte sentir sexy.

El sexo

Sí, intento tener sexo tanto como puedo, pero no se trata sólo de la cantidad de sexo. Se trata de cómo te sientes contigo mismo y con tu cuerpo durante el sexo. ¿Lo estás disfrutando? Muchas personas practican el sexo sólo para hacer feliz a la otra persona. El sexo puede convertirse en algo rutinario y mecánico, especialmente en las relaciones de larga duración. El sexo puede consistir en complacer a otra persona.

Una de las ideas erróneas más comunes sobre el sexo sano es que no hay que esforzarse. Que es un acto natural. Que basta con desnudarse y listo. Pero eso no es cierto. Hay que trabajar en el sexo. Yo empiezo con la comunicación. Trato de decirle a mi pareja lo que me gusta y lo que no me gusta y la animo a hacer lo mismo. Exploro. No hago siempre lo mismo. Pongo en práctica mis fantasías. Las fantasías de mi pareja. Pruebo cosas que puedo haber etiquetado o juzgado. Trato de ver el sexo como una forma de autoexpresión. No sólo un medio para tener un orgasmo. El sexo es un espacio compartido en el que llegas a conocer y conectar con otra persona, pero también contigo mismo. Y cuanto más lo hagas, más estarás satisfaciendo tu necesidad sexual y más sexy te sentirás.

Masturbación

Si quieres, sustituye la palabra «masturbación» por «autoexploración». Muchas personas, especialmente los hombres, se masturban para aliviar su energía sexual reprimida. Se masturban para terminar, para liberarse, para sentirse bien. Y eso está bien. Sigue haciéndolo. Pero la masturbación puede ser más que eso. Puede ser una forma de conocerse a uno mismo. Nuestros cuerpos cambian. Cómo nos sentimos con nuestros cuerpos cambia. Lo que nos excita cambia. La masturbación puede ser una forma de conectarte contigo y con tus deseos. Así que utilízala para explorar, no sólo para «restregarte».

No voy a mentir. Por supuesto que me masturbo si mi pareja no está de humor o si me siento excitado y quiero descargar. Pero también la uso para explorar mi cuerpo, para sentirme cómodo conmigo mismo, para descubrir nuevos gustos y cómo quiero que me toquen. La utilizo para conocerme a mí mismo y mis necesidades sexuales.

También me masturbo con mi pareja. Lo hacemos no sólo para ver y mostrar exactamente cómo nos gusta que nos toquen, sino también como un ejercicio para crear confianza. Es una experiencia íntima que la gente rara vez comparte con los demás. Es difícil mostrarse y expresarse de esa manera sin sentirse cohibido. Pero cuanta más confianza construyan tu pareja y tú, más seguro será el espacio para que los dos exploren su sensualidad. La masturbación puede ser una experiencia compartida que hace que ambas personas se sientan sexy.

¿Cuántos de los cuatro pistones —mover tu cuerpo, gustarte a ti mismo, desechar la vergüenza y alimentar tu necesidad sexual— están bombeando ahora mismo en tu vida? Si no lo está haciendo ninguno, tu motor se ha parado. Eso significa que no estás prosperando y que no te conectas contigo mismo. Concéntrate en cada uno de los pistones y asegúrate de hacerlos bombear. Puede que algunos bombeen más rápido que otros, pero no pasa nada. Sólo asegúrate de prestar atención a todos estos pistones y de hacer un esfuerzo para trabajar en cada uno de ellos. Recuerda que es un proceso, y que es más fácil cuanto más lo practiques. Pero para que tus pistones sigan funcionando, deben estar integrados en tu vida diaria como un estilo de vida, no sólo como algo que atender de vez en cuando.

Uno de los errores más comunes en las relaciones

Cuando estamos solteros y trabajamos en nosotros mismos, es más fácil hacer funcionar los cuatro pistones. Hacemos mucho ejercicio. Comemos mejor. Nos aseguramos de vernos y sentirnos bien. Nos arreglamos el pelo. Nos esforzamos en elegir bien cómo vestir. Nuestros calcetines van a juego con nuestra ropa. Como no queremos estar solteros para siempre, nos aseguramos de estar lo mejor posible. Por dentro y por fuera. Hacemos todo lo posible para crear una sensación de confianza y sentirnos sexy. Luego, cuando nos metemos en una relación, todo eso sale volando.

Tal vez no aflojemos el primer mes. Pero con el tiempo empezamos a hacer menos ejercicio. A poner menos esfuerzo en lo que vestimos y en nuestro aspecto. Volvemos a nuestros malos hábitos alimenticios. Descubrimos que nuestros calcetines están mal combinados y que no nos importa. ¿Por qué habría de importarnos? Ya no buscamos nada. Ahora tenemos una pareja. Y esa pareja tiene que acostarse con nosotros porque nos quiere. Además, deberían aceptarnos por nosotros mismos, ¿cierto? Falso.

Cuando estás en una relación, tienes la responsabilidad de seguir cuidando de ti mismo, y sentirte seguro y sexy es parte de ello. Ésa es tu responsabilidad, no la de tu pareja. Sí, puede que esa persona te quiera, pero recuerda: el amor es una elección. Tu pareja está eligiendo amarte, pero eso no significa que te encuentre tan atractivo como al principio. No debes dejar de hacer todo lo que hacías para cuidarte cuando comenzaste la relación. En realidad, deberías hacer más.

Al igual que somos responsables de nuestra propia felicidad en la relación, también somos responsables de cómo nos vemos y nos sentimos con nosotros mismos. Eso no es responsabilidad de tu pareja. Muchos de nosotros caemos en esa trampa. Pensamos que, porque estamos en una relación, nuestro trabajo sobre nosotros mismos puede detenerse o reducirse. ¿Por qué se crea con esto una desviación y una desconexión? **Porque no es sólo el aspecto y cómo te sientes lo que resulta poco atractivo, sino el hecho de que no te importe tu aspecto ni cómo te sientes.** Descuidar tu apariencia puede activar el interruptor y cambiar toda la dinámica de la relación. Recuerda que la atracción no es una constante. Si quieres que tu pareja siga sintiéndose atraída por ti, tienes que seguir trabajando para ser atractivo.

Por eso es importante que sientes estas bases cuando

estés soltero y tomes impulso haciendo que todos los aspectos del autocuidado formen parte de tu rutina diaria. Cuanto más seguro y conectado te sientas contigo mismo ahora, más aportarás en tu próxima relación y menos presión pondrás en tu pareja y en la relación para sentirte mejor contigo mismo. No te estás cuidando por otra persona. Estás cuidando de ti mismo para ti. Y todo surge a partir de ahí.

TERCER ACTO

El nuevo «tú»

Superar una relación no es lo que tú crees

La superación se produce justo después de aceptar que pasar página y seguir adelante es más importante que proyectar una fantasía de cómo podría haber sido la situación.

—SYLVESTER MCNUTT III

El psicólogo social Arie Kruglanski comenzó a utilizar la frase «necesidad de cierre» en la década de 1990. «Se refería a un marco para la toma de decisiones», explicaba un redactor de *Psychology Today* en 2018, «que tiene como objetivo encontrar una respuesta sobre un tema determinado que alivie la confusión y la ambigüedad». Citando a Kruglanski, el artículo continúa: «Cuando buscamos un cierre, buscamos respuestas sobre la causa de una determinada pérdida para resolver los sentimientos de dolor que ha creado». Al hacerlo, «parece que formamos un rompecabezas mental de lo que ha sucedido, examinando cada pieza y su relación con el rompecabezas general». El cierre se logra «cuando estamos satisfechos de que el rompecabezas se ha armado a nuestro gusto, se han encontrado las respuestas y, por lo tanto, es posible seguir adelante».

La falta de cierre puede dejarnos atascados. Es el gigantesco muro de piedra que nos impide pasar al otro lado. Buscamos desesperadamente respuestas a por qué algo terminó. Intentamos darle sentido y, si no podemos, nos quedamos atrapados en el lado equivocado de ese muro de piedra. Buscamos una pieza del rompecabezas que tiene en sus manos otra persona, y no podemos escapar del pasado. Esto hace que guardemos rencor, que alberguemos resentimiento y cuestionemos nuestra valía. Si no somos capaces de superar una relación, no nos permitimos pasar página y vivir realmente el presente.

He aquí una escena de una sesión con una clienta que estaba atascada porque necesitaba un cierre.

UNA CAFETERÍA DE MODA EN ALGUNA PARTE DE LOS ÁNGELES

John se sienta con su clienta, Amanda, de unos treinta años. Se está limpiando las migas de *croissant* de su blusa.

AMANDA
Dios, soy un desastre.

JOHN
Sí, las masas también son mi debilidad.

AMANDA
Mi vida sería perfecta si pudiese dejar el pan, en serio.

JOHN

¿Qué tal van las cosas con Steve?

AMANDA

Me engañó.

JOHN

Ah, lo siento.

AMANDA

No es para tanto. Era vegano. Ni siquiera me gustaba (sí que le gustaba). No sé por qué sigo atrayendo a los imbéciles. ¿Hay algún hombre fiel en este mundo? Son estos malditos *croissants*. ¡He subido seis kilos!

JOHN

¿Crees que ha sido por tu peso?

AMANDA

A los hombres les gustan las delgaduchas (le da otro bocado a su *croissant*). Ni siquiera me importa. Sólo quiero saber por qué.

JOHN

¿Qué crees que significa para ti el querer averiguar por qué te engañó?

AMANDA

¿Qué quieres decir?

JOHN

Aquí hay un patrón. Tampoco obtuviste una respuesta de tu prometido.

AMANDA

¿Acaso no es lo más normal querer saber el por qué?

JOHN

¿Y si descubres que el hecho de que Kyle te haya engañado no tuvo nada que ver contigo? ¿Que más bien tuvo que ver con que se escapaba o se escondía o huía, o que quizás tenía miedo al matrimonio o no quería esforzarse más en la relación?

AMANDA (*tras pensarlo durante un instante*)

En ese caso, no sería mi culpa.

JOHN

¿Y eso qué quiere decir?

AMANDA (*mirando por la ventana mientras llora*)

Que no soy una mierda.

Amanda relacionaba el engaño con su valor. Necesitaba saber por qué los hombres la engañaban porque, si no era culpa suya, significaba que no era defectuosa, que valía algo, que era una buena compañera y que era querible. Pero lo más importante era que no era como su madre, a la que no respetaba. Su padre engañó a su madre muchas veces. También maltrataba a Amanda y a sus hermanas y tenía una autoestima muy baja. Uno de los mayores temores de Amanda era acabar como su madre. Por eso, cuando los hombres la engañaban, se colocaba en la misma categoría que ella.

A medida que trabajamos juntos, Amanda se dio cuenta de que, subconscientemente, elegía a hombres que la engañaban. Estaba recreando lo que le resultaba familiar de su niñez y adolescencia. Al igual que su madre, en el fondo Amanda no creía valer nada. Una vez que trabajamos en su autoestima y separamos su valor de los hombres infieles en su vida, fue capaz de ver que los hombres que la engañaban no tenían nada que ver con lo que valía como persona. Fue capaz de separarse de su madre y empezar por fin a pasar página y seguir adelante. Lo más importante es que aprendió que no necesitaba respuestas ni explicaciones de sus ex para hacer todo esto. Todo lo que necesitaba era saber de dónde venía su propio deseo de saber y por qué era tan importante para ella.

La superficie es de cristal

Mónica me lo puso fácil. No me dejó hablar, cosa que hago demasiado como terapeuta. Quería exponerlo todo primero, como un gran rompecabezas. Le estaban ocurriendo muchas cosas a la vez, como siempre ocurre en la vida. Recientemente había respondido a su llamada interna de vivir cerca del mar y se había mudado a California. Siempre había soñado con hacerlo, pero siempre había tenido miedo de hacerlo. O tal vez sólo necesitaba una razón. Llevaba años atrapada en un matrimonio que no iba a ninguna parte, y por fin se había armado de valor para irse. Pero su partida provocó el colapso interno de su exmarido. Como él no era emocionalmente estable, ella no podía cortar el cordón. Así que se estiró. Creando ansiedad y culpabilidad. Ella llamaba a su ex a diario para saber cómo estaba mientras intentaba estar presente con una nueva persona con la que había empezado a salir. Ésa era la pieza del rompecabezas número uno.

La persona con la que salía también era amigo de su

exmarido. Ésa era la segunda pieza del rompecabezas. También estaba siendo acosada en el trabajo por alguien que tenía problemas con los límites (pieza del rompecabezas número tres). Y también estaba su situación de vida. Acababan de desalojarla porque había acogido a un gato de la calle (pieza número cuatro del rompecabezas).

En total, después de que Mónica lo hubiera expuesto todo, había unas diez piezas. Perdí la cuenta, pero eso no importaba. Lo que sí importaba era su falsa creencia de que el amor no dura. Esta creencia quedó grabada después de que su madre engañara a su padre, lo que hizo que sus padres se divorciaran cuando ella tenía diez años. Desde entonces, siempre tuvo miedo de entregarse por completo. En apariencia, no podía alejarse de su exmarido porque era inestable. Ahí había verdad y compasión sincera. Pero me pregunté si inconscientemente estaba usando la dependencia de su ex como una razón para no mostrarse completamente y apoyarse en la nueva persona con la que estaba saliendo. Ella de verdad veía un futuro con él, y eso puede ser aterrador para alguien que cree que el amor no dura.

Una vez que se dio cuenta de esto, supo que tenía que cortar el cordón por completo con su exmarido para poder estar presente y crear una nueva experiencia amorosa que demostrara que su falsa creencia estaba equivocada. Por supuesto, no había garantías de que esto ocurriera, pero si ni siquiera estaba presente, no estaría dando a esta nueva relación una oportunidad justa, y las probabilidades de que no funcionara serían altas, lo que consolidaría una vez más su falsa creencia y fortificaría el muro alrededor de su corazón.

Al cabo de unas semanas dejó de atender a su exmarido y finalmente rompió los lazos con él. Ésta fue una de las cosas más difíciles que tuvo que hacer. Pero con ello llegó el crecimiento y la oportunidad de una nueva experiencia amorosa que podría crear nuevas pistas y empezar a disolver falsas creencias.

Todos tenemos patrones subyacentes. Una vez que nos damos cuenta de cuáles son, de lo que realmente está pasando, podemos romper los patrones tóxicos y empezar a crecer. Podemos tomar decisiones que antes no veíamos y ahora tenemos una ventaja que antes no teníamos, porque estaba enterrada. No se puede conseguir tracción manteniendo las cosas en el nivel de la superficie. La superficie es de cristal. Lo que ocurre debajo es lo que realmente importa.

El «cierre» no requiere nada de la otra persona implicada. No requiere una respuesta, una disculpa o una explicación. Si así fuera, muy pocas personas serían capaces de seguir adelante, porque la mayoría de las relaciones terminan sin resolverse. Rara vez podemos sentarnos con nuestros ex y darles explicaciones. Las rupturas tienen finales desordenados, y lo único que puedes hacer al respecto es explorar tu propio «yo». Aquí es donde encontrarás el cierre. Pero ésta no es una situación en la que haya que cerrar una puerta para que se abra otra. El cierre es un proceso. Es un viaje. Algunos días reflexionarás sobre lo ocurrido y tendrás fuertes sentimientos al respecto. Otros días no. Como con cualquier pérdida, la intensidad de tus sentimientos subirá y bajará y esos sentimientos irán y vendrán. Hasta que se vayan más de lo que vienen.

Nada se supera realmente del todo. Siempre recordarás y tendrás sentimientos ligados a esos recuerdos. Pero los sentimientos pueden cambiar a medida que te embarcas en el viaje de cierre, que te llevará a explorar tu interior y a crecer. Si tus sentimientos no cambian, llevarás el residuo de lo sucedido, albergando odio, ira y resentimiento. No sólo hacia tu ex, sino quizá también hacia ti mismo. Esto te endurecerá, y esa energía se extenderá a tus otras relaciones. No podrás crear una nueva experiencia amorosa porque estarás pintando sobre un lienzo manchado.

Se murió el perro → Me senté finalmente con mi exesposa → Me corté el pelo

Antes de theangrytherapist@gmail, era brass chucky@gmail. «Chucky» era mi nombre americano porque los profesores no podían pronunciar Chul-Ki (que hace poco descubrí que mis padres escribieron mal). De todos modos, era un antiguo correo electrónico utilizado por mi «yo» anterior. No quería tener nada que ver con él, así que nunca lo revisaba. Pero un día lo hice (no recuerdo por qué) y recorrí la bandeja de entrada. Sólo había correo no deseado, spam. Entonces vi un correo electrónico de mi exesposa, alguien con quien no había tenido contacto en casi una década. Lo vi de casualidad; fue pura coincidencia que estuviera revisando el correo ese día. Una aguja en un pajar. Me envió un correo electrónico para notificarme que su/nuestro perro había muerto. Por causas naturales y después de vivir una vida plena. La noticia me afectó y me hizo ver el tiempo que había pasado. Le pregunté si podíamos encontrarnos.

Hacía tiempo que quería sentarme con mi exesposa. No para sacar a relucir la mierda, sino porque nunca sentí un verdadero cierre tras el divorcio. Lo había sentido como algo repentino, como un accidente de coche con un coletazo de diez años. Ahí estaba yo. En nuestro primer encuentro casi una década después.

Fuimos a comer barbacoa coreana. Lo primero que dijo cuando me vio fue: «Estás distinto». Nada más. Estaba seguro de que era mi pelo largo. Me miró confundida mientras yo iba al baño a hacerme un moño (sí, era de ésos). Volví. Charlamos. Nos reímos un poco. Nada profundo, nada sobre el pasado. Todo pasó en un abrir y cerrar de ojos. Lo único que recuerdo de esa noche es que me dio un abrazo de verdad cuando esperábamos nuestros autos en el aparcamiento. Un abrazo cómplice que implicaba que habíamos pasado muchas cosas juntos y que todo estaba perdonado. Me hizo sentir que había un cierre. Como llegar al punto después de una larga frase. El final.

Bueno, no exactamente. Recibir ese correo electrónico me había sacudido. Me hizo darme cuenta de lo mucho que la había herido. Me hizo preguntarme si había algo más en nuestra historia que mi versión. Me cuestioné a mí mismo y a mi memoria. Luego, verla me conmovió emocionalmente. Volvió a despertar viejos sentimientos. Echaba de menos a su padre. Y a nuestro perro. No ayudó el hecho de que ella terminara el correo electrónico con un «te quiero». En el fondo, sabía lo que quería decir. Quería decir que te quiero como una persona que estuvo en mi vida una vez. Pero Chul-Ki quería creer que había algo más. Así que me puse en contacto con ella de nuevo, la invité a *crossfit*. Ella no tenía idea de lo que era. Intercambiamos algunos mensajes. Luego le envié un mensaje diciéndole que me había cortado el pelo y que verla me había hecho sentir algo que no sabía que existía. Ella lo cortó rápidamente. No quería que volviera a contactarla.

Unos meses más tarde, me fui de viaje en moto y quise compartir un video con su padre, ya que teníamos las motos en común. Pensé que le gustaría. ¿Era éste Chul-Ki de nuevo, buscando una manera de entrar? No lo sé. Es muy probable. Así que le envié a ella un video para que le mostrara. No voy a entrar en lo que me respondió, pero fue bastante impactante y realmente confuso ya que nuestra cena había parecido tranquila y amistosa. Obviamente seguía muy enfadada por el pasado y por lo que le quité. Decidí no ponerme a la defensiva, admití que fui un «pedazo de mierda» en ese momento, y me prometí a mí mismo que no volvería a contactarla, cosa que no he hecho.

A veces así es como se ve un cierre, o un paso adelante. No tienes ningún control sobre la otra persona y su experiencia de ti o de lo que pasó. Y si tu definición de cierre es asegurarte de que vean las cosas como tú, de que estén bien y de que ya no estén enfadados contigo, nunca seguirás adelante. «Cierre» significa tomar la decisión de dejar de lado su viaje y centrarte en el tuyo. Y también no revisar las viejas cuentas de correo electrónico.

Tal vez no había llorado del todo la pérdida. Y tal vez ella tampoco lo había hecho. No lo sé. Porque cuando se habla de cierre no hay un tiempo marcado ni una línea de llegada. Los sentimientos van y vienen, hasta que un día no lo hacen. Y entonces vuelven de nuevo, provocados por alguna cosa en tu vida. Pero la intensidad disminuye y la brecha se amplía, y así sabes que te has permitido sentir cosas nuevas. Pero sigue siendo un proceso, y puede llevar toda la vida.

**El cierre no es una puerta. Es un puente.
A un nuevo y mejor «tú», «con menos
mierda, que vive más el presente y con más
capacidad para amar».**

PONTE MANOS A LA OBRA

Como no necesitas de nadie más para superar algo, no hay necesidad de esperar ni un minuto más. En primer lugar, pregúntate a qué te aferras de relaciones anteriores. Especialmente si estás en una relación ahora. ¿Necesitas una disculpa, una explicación como Amanda? ¿Necesitas saber que no fue tu culpa? ¿Qué es exactamente lo que necesitas para avanzar de verdad? Porque aferrarte a eso te impedirá estar presente. Si pasaste por una relación caducada, querer esa pieza del rompecabezas de la otra persona —lo que sea que no hayas superado— para que las cosas tengan sentido para ti o te hagan sentir mejor contigo mismo te está impidiendo prosperar y conectar contigo mismo. Necesitar esa pieza del rompecabezas te hace menos íntegro y te hace depender de algo que quizá nunca consigas. Es una espina clavada. Una piedra en el zapato. ¿A qué te aferras?

En segundo lugar, pregúntate por qué lo necesitas. Por lo general, lo que creemos que necesitamos de otra persona está estrechamente ligado a una creencia sobre nosotros mismos. Sobre nuestra valía. O nuestra capacidad de amar. Es la prueba de que somos atractivos o queribles. Nunca se trata de tener razón o sólo de querer saber. Eso sólo está en la superficie. Siempre hay algo más profundo. Por eso lo anhelas tanto y es tan difícil soltarlo.

En tercer lugar, sea cual sea esta necesidad, ¿puedes dártela a ti mismo en vez? Utilizando el ejemplo de Amanda, ella necesitaba llegar a un lugar donde creyera que valía. Necesitaba saber que el hecho de que los hombres la engañaran no tenía nada que ver con ella. Tenía que ser consciente de que estaba eligiendo a este tipo de hombres, y tenía que dejar de hacerlo. Pero primero necesitaba establecer una mejor relación consigo misma. Al hacerlo, dejaría de elegir hombres que le fueran infieles. Sólo entonces podría prepararse para una nueva experiencia amorosa que la hiciera sentir valiosa y digna. Atender estas necesidades era algo que podía darse a sí misma.

Por supuesto que requeriría de un viaje. Pero ella no necesitaba nada de sus ex. No necesitaba una explicación de ellos, como había pensado. Ella siempre tuvo la pieza del rompecabezas que faltaba. Y tú también.

Lo que yo necesitaba era una identidad. La había perdido en mi matrimonio. No tenía sentido de mí mismo. No tenía dirección en mi vida. Yo era el tipo casado con ella. Eso es todo. Eso es todo lo que era. Así que me aferré al matrimonio porque, sin él, no sabía quién era. Y como no sabía quién era y no tenía sentido de mí mismo, no sentía que tuviera ningún valor. Debido a mi baja autoestima, la puse en un pedestal. Ella era demasiado buena para mí. Eso la convertía en un trofeo, no en una esposa. Y sin ella, yo valía menos. Para mí, la superación significaba encontrar una identidad y construir un sentido de valor. Me llevó casi una década y un renacimiento total. Pero las nuevas definiciones vienen con un nuevo sentido de uno mismo. Y es entonces cuando tu vida puede cambiar de verdad.

«¿Sales con chicas blancas?»

Corre hacia mí como si hubiera olvidado que era mi cumpleaños. «¿Sales con chicas blancas?». Me detengo un segundo, en parte confundido y en parte ofendido. No sabía si era una broma racista o si hablaba en serio. Le respondo: «Es prácticamente con las únicas chicas que he salido, amigo». Me dice: «Genial, tengo una amiga para ti. Es terapeuta». De nuevo, confundido y ofendido. ¿Cree que los terapeutas sólo salen con terapeutas? «Jason, ¿qué te tomaste hoy?».

Me dice que se llama Vanessa. Solía trabajar con ella en Nueva York. Pasó de trabajar en empresas de publicidad y producción en Nueva York a practicar yoga, *mindfulness* y trabajar como terapeuta en Los Ángeles. Él y Vanessa habían ido recientemente de excursión para ponerse al día y me mencionó. Le agradecí que tratara de organizarme una cita. Fue un gesto muy amable, y una forma poco común de conocer a alguien en la cultura actual de «*swipe*». Nunca había tenido una cita a ciegas.

Así que después de espiar su Instagram, le pedí a Vanessa

que se reuniera conmigo en un lugar llamado Little Dom's, un acogedor restaurante italiano al que podía llegar lanzando una moneda desde la ventana de mi habitación. No es que estuviera perezoso. Little Dom's es uno de mis lugares favoritos. Resulta que estaba al lado de mi casa. ¡Hay una gran diferencia entre pereza y comodidad!

El caso es que me sorprendió gratamente. Vanessa era aún mejor en persona. Normalmente es al revés. Y hablábamos el mismo idioma. Me di cuenta de que había pasado por algunos momentos oscuros y que estaba en un viaje espiritual de superación personal. Pero, de nuevo, no quería lanzarme a nada. Todavía quería explorar y salir con gente. Nada de meterse en relaciones de tres años. Al menos durante un tiempo, planeaba imitar a Clooney, pero sin la buena apariencia, la fama y la casa en Italia, por supuesto. No tenía planes de meterme en otra relación.

Avancemos en el tiempo:

Más citas con comida de por medio.

Un paseo en motocicleta.

Un viaje a Costa Rica.

Un retiro en Joshua Tree.

De repente estoy en una relación.

Hubo resistencia por mi parte y ella la sintió. Las señales que yo enviaba eran ambiguas. Iba de un lado a otro, del frío al calor y viceversa. Tenía miedo de entregarme por completo. Sentía que las bases estaban cargadas y que ésta era mi última oportunidad. Mi próxima relación iba a ser la última. Así que me presionaba mucho a mí mismo, a ella y a nuestra conexión. Miraba con lupa nuestra relación. Cuestioné nuestras diferencias, que eran muchas. Ella es extrovertida. Yo soy introvertido. Ella colorea sin salirse de las líneas. Yo no tengo líneas. Es muy organizada. Yo soy un tornado andante.

Creo que estaba buscando el tono perfecto, la señal adecuada. Pero me di cuenta de que estaba tratando de rastrear una vieja huella de amor, esa sensación que tuve a los veinticinco años cuando mi exesposa entró en el bar-restaurante de mi familia en busca de trabajo. Aquel día vi a un ángel, y creo que, inconscientemente, en todas mis relaciones he estado persiguiendo a ese ángel desde entonces. No a ella, sino a la sensación. Esa persecución había estado corriendo en el fondo, en el río de mi subconsciente. Me di cuenta de que me había impedido explorar y crecer en el amor. Cuando perseguimos viejos sentimientos, experiencias y definiciones, no permitimos que entren otros nuevos. No había sido consciente de estar atascado en viejas formas de amar. Hasta ahora.

El asunto es el siguiente. Cuando se corre el telón y se empieza a reproducir el documental en lugar de las escenas más destacadas, el «ángel» se convierte rápidamente en un demonio. A ese «rayo» le sigue el trueno de la disfunción. Esos sentimientos pueden ser poderosos y reales, pero ¿son saludables? Por supuesto que no. El amor juvenil rara vez lo es. Claro que la atracción es real. Pero también está producida por tu configuración mental, por traumas infantiles, por anuncios publicitarios. El amor joven es un amor nuevo, y cualquier experiencia nueva será la más poderosa que haya tenido una persona joven.

Cuando me di cuenta de esto, finalmente pude darnos a Vanessa y a mí una oportunidad justa. Ahora podía intentar amar sin mi pasado. Podía dejar de comparar. Dejar de rastrear. Y cuando empecé a estar presente, descubrí una nueva alma y una nueva experiencia amorosa.

Algunas de mis nuevas definiciones de amor

BELLEZA

Solía pensar que la belleza era puramente física. Que tenía que ver con el cuerpo, los ojos y las curvas. Asociaba la belleza con lo que veía en las revistas y la relacionaba con lo que yo valía. Cuanto más bella era mi novia desde el punto de vista comercial, más creía que valía yo. La belleza era el antídoto para todo lo que me faltaba por dentro. Pero cuando empecé a conectar más conmigo mismo, descubriendo un sentido de autoestima y valor, mi definición de belleza cambió. Pasó de ser bidimensional a cuatridimensional. Cuando pasé de ver la belleza en un recorte de cartón a reconocerla en una persona real, fui capaz de sentir la belleza en lugar de sólo verla.

Para mí, hoy en día, la belleza ya no está a flor de piel. La belleza tiene que ver con el alma y la capacidad. Comienza con la amabilidad. Sin la bondad, para mí todo es maquillaje. La belleza consiste en no juzgar, en la profundidad, en la autoconciencia y en el efecto que se produce en los demás a través de las palabras y las acciones. Tiene que ver con la consideración, el apoyo, la comunicación, las bromas, el contacto visual. La belleza reside en tener tu propia vida. En el amor y el aprecio por tu cuerpo, en tener una mente abierta, en estar abierto a diferentes perspectivas y opiniones, en intentar comprender antes de intentar ser comprendido. La belleza es ser gentil pero fuerte, cuidadoso con tus palabras, y ser capaz de dar de inmediato en lugar de aferrarse al resentimiento. La belleza es la comunicación sincera y coherente. La belleza es no quejarse, no verse como una víctima, no hacer que todo gire en torno a uno mismo. La belleza es alinear tus acciones con tus palabras, practicar la gratitud y la compasión, creer en cosas más grandes que uno mismo, defender algo, dar a la gente el beneficio de la duda aunque te hayan herido muchas veces. La belleza es también ser capaz de dibujar límites claros y saludables con un rotulador en lugar de tiza. La belleza es el fuego en tu vientre que arde diariamente con la acción. La belleza es la vulnerabilidad, el compromiso, la coherencia, la comunicación y la defensa de la verdad. La belleza es responder en lugar de reaccionar. La belleza es lanzarse y crecer a través de las turbulencias de la vida. La belleza es ser capaz de mirar hacia dentro y amar con fuerza amando responsablemente.

ATRACCIÓN

Solía creer que el amor sólo consistía en chispazos. Toda esa dinámica de «cruzar la mirada a través de la habitación y simplemente saberlo». Pero eso no es amor. Eso es un cuento de hadas. Y lo más probable es que sea algo disfuncional.

Suele ser una dinámica de relación pegajosa que proviene de un trauma y de viejas heridas. El hecho de que te resulte familiar no significa que sea amor. El amor no se trata de lo viejo. El amor se trata de lo nuevo. Y el amor lleva tiempo. Requiere levantar muchas capas. El amor se convierte en un proceso. Comienza con una elección diaria. Luego, la acción para respaldar esa elección. Algunos días el amor es fácil. Otros días es difícil. El amor fluctúa. Es una danza, con idas y venidas. El amor no es una constante. Y cambia a diario. La atracción es un fogonazo en la sartén. El amor seguirá existiendo mucho después de que esas llamas se apaguen.

DONDE SE ENCUENTRA EL AMOR

El amor se encuentra en los momentos. El momento en que te das cuenta de que te han escuchado. Quizás por primera vez. El momento en que te das cuenta de que no están tratando de cambiarte. El momento en que estás comiendo panqueques en la encimera para cenar después de «uno» rapidito y piensas para ti mismo, *me gusto ahora mismo*. El momento en que tu pareja por fin guarda los platos. Ese momento en el que están en el sofá sin hacer nada y te das cuenta de que no cambiarías este momento por nada en el mundo. Ese momento en el que *no* se ríen juntos del chiste. Ese momento después de una pelea en el que vuelven a estar juntos y la relación se hace más fuerte. Ese momento en el que sientes su tacto y lo reconocerías aunque te vendaran los ojos. Ese momento en el que te das cuenta de que esa otra persona es diferente. Ese momento en el que te das cuenta de que has tenido que nadar más allá de las rompientes para encontrar la calma. El momento en que ves el hogar en los ojos de tu pareja.

No importa por qué puerta entres. Puedes crear nuevas definiciones para poder darte nuevas experiencias. O puedes darte nuevas experiencias para poder crear nuevas definiciones. De cualquier manera, lo importante es que rompas los viejos patrones. Son los viejos patrones los que nos mantienen bloqueados. Las nuevas experiencias y definiciones rompen ese bloqueo creando nuevos pensamientos y comportamientos, lo que te lleva a tomar decisiones diferentes y, en última instancia, a tener una relación diferente contigo mismo. Una relación mejor. Una que es más fuerte, más auténtica y más cercana a tu verdad y a lo que quieres ser. Así es como te deshaces de las viejas definiciones y los viejos patrones. Así es como evolucionas. Así es como aportas más cuando encuentras a alguien que te merece.

PONTE MANOS A LA OBRA

Si no creas una nueva definición del amor, siempre atraerás y repetirás las mismas experiencias amorosas. Esto consolidará tus viejas creencias y frenará tu crecimiento. ¿Cuál es tu nueva definición del amor? ¿O vienes cargando con la misma desde la universidad? No importa si actualmente tienes una relación o no. Puedes crear una nueva definición en cualquier momento. De hecho, deberías hacerlo. Porque el amor no es una constante, y si lo ves de esa manera, tu amor siempre se estancará. El amor es una entidad propia que vive y respira, y a la que debes permitir que crezca y evolucione constantemente y tome nueva forma a medida que tú creces y evolucionas y tomas nueva forma. Tu pareja también debería crear sus propias definiciones. Ambos deben permitir que este proceso se desarrolle y hacerlo juntos. Eso es lo que significa amar a alguien. No se trata sólo de sexo caliente y de probar nuevos restaurantes. Sus definiciones no tienen que coincidir exactamente. Lo más probable es que no lo hagan. Lo importante es que compartan el proceso con el otro, de modo que hagan la vida con el otro y no a su alrededor.

Hemos hablado mucho del amor. Ahora vamos a retroceder y hablar de la vida. Porque la vida es mucho más que el amor. Esto es cierto no sólo cuando estás soltero, sino especialmente cuando estás en una relación. Muchos pierden su vida cuando se meten en una relación porque su relación se convierte en su vida. Si no tienes una vida, con el tiempo perderás tu relación. O nunca tendrás una sana.

La casita de tus sueños tiene goteras

Barbara era una cabrona amargada. Bueno, ella no lo sabía hasta que vio mi libro *Yo era un c*brón amargado* en el aeropuerto. Pero no lo compró. Las palabras grandes de la portada le llamaron la atención, y vio que el libro estaba escrito por un terapeuta. Creo que por eso no lo compró. Ella también era terapeuta. Quizá pensó que si alguien la veía tomarlo, pensaría que su vida no era perfecta, que no estaba en condiciones de ayudar a los demás con la de ellos.

Barbara tenía una consulta completa, un matrimonio consolidado, unos hijos preciosos y una casa espectacular sacada de las páginas de *Architectural Digest*. Literalmente. Su casa fue presentada en la revista. Es uno de sus «mayores» logros. Vi la foto enmarcada del número detrás de su escritorio mientras hacíamos nuestra sesión en línea. (Nota al margen: es extraño tener una sesión con otro terapeuta que la lleva a cabo desde su despacho. Es fácil confundirse sobre quién es realmente el cliente).

Barbara confesó durante nuestra sesión que no era feliz y que no lo había sido durante mucho tiempo. Pero no se dio cuenta hasta que leyó mi libro, que acabó pidiendo por Amazon para que le llegara discretamente, como un juguete sexual. No paraba de decir: «Debería ser feliz. Lo tengo todo. Un hogar magnífico, un marido cariñoso, atento y comprensivo, y una consulta próspera que me ha costado más de una década construir. No sé por qué no soy feliz».

Sí, lo tenía todo. Excepto una vida. Esto es lo que hacía cada día. Se levantaba a las 7:00 a.m. Se conectaba con su esposo. Meditaba. Desayunaba rápidamente. Luego empezaba con sus sesiones a las 8:00 a.m. mientras su esposo dejaba a los niños en la escuela. Trabajaba desde su oficina en casa, una pequeña y bonita casa de huéspedes con su propia entrada. Después de una rápida pausa para almorzar, volvía a las sesiones sin pausa ¡hasta las ocho de la noche! Luego cenaba con su familia, se ponía al día con sus hijos, hacía el amor con su marido (tres noches a la semana), leía un poco, se iba a la cama y volvía a empezar el proceso al día siguiente.

Pasaba tiempo de calidad con su familia, pero por lo demás había creado básicamente su propia prisión. Como terapeuta que tuvo una práctica completa en un momento dado, sé que puede ser muy solitario. Puedes entrar en piloto automático muy rápidamente. Ella no tenía alegría, conexión o sentido en su vida, las tres cosas que necesitas o no tendrás una vida. (Entraré en eso en un momento). Sí, era madre, y eso era importante para ella, pero sus hijos ya estaban en la secundaria. Tenían sus propias vidas. Sí, tenía una próspera consulta de terapia, pero ahora era sólo un trabajo. Había perdido la pasión. Estaba agotada y se limitaba a seguir por inercia, adicta al flujo constante de dinero. Y, por último, su matrimonio era bueno en el sentido de que no había grandes problemas o altercados, pero estaba lejos de ser perfecto. Ella y su marido formaban un gran equipo, pero la chispa había desaparecido. Las cenas se encargaban con antelación. El sexo estaba programado. Su matrimonio estaba en piloto automático, como el resto de su vida.

Hablamos de cómo sería introducir en su vida un poco de alegría, conexión y sentido, lo que le faltaba a mi vida cuando en realidad no tenía una vida. La alegría, la conexión y el sentido me dieron una vida. Me quité el sombrero de terapeuta, me puse el de entrenador y la ayudé a producirlos.

Barbara descubrió la alegría de hacer videos de terapia para las redes sociales. Admiraba lo que yo hacía y secretamente quería hacer lo mismo, pero tenía miedo de hacerlo. Una vez que desafié su definición de lo que es un terapeuta, empezó a utilizar las redes sociales para crear un diálogo. Y lo hacía muy bien. Tenía mucho conocimiento gracias a su práctica. También empezó a ver a algunos de sus clientes en paseos. Esto la sacó de su casa y la llevó al mundo. Nunca lo habría hecho mientras se aferrara a sus antiguas definiciones de cómo debe trabajar un terapeuta.

Incluso estando casada, Barbara estaba siendo soltera a propósito. Al enhebrar estas nuevas pautas en su vida, volvió a encontrar un sentido y una sensación de valía. No es que no encontrara sentido a su trabajo, sino que lo había hecho de la misma manera durante tanto tiempo que había perdido la pasión por él. Cambiar y abordar su trabajo de forma nueva y emocionante le hizo sentir un nuevo amor por su carrera.

La última pieza era la más complicada para ella: involucrarse con otros, la conexión.

Barbara había creado una vida que requería poca conexión con el mundo exterior. Su casa era su zona segura, y rara vez salía de ella. Después de analizar cómo sería la conexión para ella, empezó a salir. Se esforzó más por pasar tiempo con sus amigos, algo que había dejado de hacer después de tener hijos. Empezó a decir que sí a las invitaciones sociales a las que antes habría puesto una excusa para faltar.

No se trataba sólo de actividades. Le recordé a Bárbara que la conexión, el involucrarse, es una mentalidad. En lugar de observar el mundo, era hora de que viviera realmente en él. Sentirlo con cada parte de su ser, estar plenamente presente y mostrarse auténticamente ella misma. Con positividad y buena actitud, esperanza y espontaneidad. La conexión significaba vivir fuera de su propia cabeza y en su cuerpo, sintiendo cosas. Reír. Llorar. Amar. Estar agradecida.

Lo entendió y comenzó a incorporar la conexión en su vida. No sucedió de la noche a la mañana, pero Barbara obtuvo una vida gradualmente.

Una de verdad.

No simplemente algo que pudiera colgar de la pared tras su escritorio.

Cómo conseguir una vida

Nos han programado para creer que la felicidad es una isla a la que hay que llegar nadando. Y que, si no llegamos allí, nunca seremos felices. Nuestra isla puede ser la casa, el amor, el trabajo, lo que sea. Pero la felicidad no vive en una isla. La felicidad es un estado que podemos producir hoy mismo. Está supeditada a que ocurra algo más sólo si así lo vemos. La felicidad tampoco es una constante. Va y viene. La felicidad tiene un flujo y un reflujo. Algunos días es fácil sentirse feliz. Otros días es difícil. Pero la felicidad comienza con una elección, como todo lo demás. Después, con la creación de un espacio que produzca la sensación de felicidad. Para ello, debemos basar nuestra vida en tres cosas:

Sentido.

Alegría.

Conexión.

Saber resto lo cambió todo. Me explico.

Sentido

Antes no tenía ningún sentido en mi vida. Sí, quería cosas. Pero no había nada en mi vida que realmente me importara aparte de mi matrimonio. Pasaba horas en cafeterías esperando vender un guión sólo para salvar mi matrimonio. No ganaba nada de dinero, y estoy seguro de que eso contribuyó a que el matrimonio caducara. Y lo que escribía no tenía sentido. Sólo escribía ideas que creía que se venderían. Tampoco tenía sentido en otras áreas de mi vida. No tenía amigos importantes. En realidad, no tenía amigos en absoluto. Pensaba que eran una pérdida de tiempo. No les encontraba sentido a la espiritualidad, a la relación con mi cuerpo, al universo o a mi historia. Sin sentido en mi vida, nada importaba. Eso me dejaba bidimensional y vacío. No es de extrañar que me sintiera tan amargado.

¿Qué es exactamente el sentido? No se trata sólo de tener un sentido de propósito. Por supuesto, un propósito firme puede dar sentido a tu vida, un sentido de valor y dirección. Pero basar tu vida en el sentido no significa sólo tener un propósito. Puedes tener un sentido en tu vida sin un sentido de propósito. El sentido significa lo que te importa en el momento en que te encuentras en tu vida. No ayer. No mañana. Ahora mismo, hoy. Es así de simple. ¿Qué te importa y qué no? ¿Estás invirtiendo en las cosas que importan? No me refiero a lo que les importa a tus amigos o al mundo. Las cosas que te importan a ti.

No se trata sólo de lo que haces en el trabajo. Lo que te importa también incluye las relaciones, las amistades e incluso lo que quieres comer para el almuerzo, si es significativo para ti hoy. No importa lo grande o lo pequeño que sea, si es importante para ti, debes invertir en ello. Puedes argumentar: «Bueno, las drogas son importantes para mí en este momento». De acuerdo, pero ¿son verdaderamente importantes las drogas, o las estás usando como una forma de sobrellevar la situación porque no tienes ningún sentido en tu vida? El sentido se alinea con tu verdad y lo que eres. Si no alimentas eso, te alejarás de tu verdad y de quien eres. Todo, desde tu gusto por los coches hasta cómo quieres dejar una marca en este mundo. Si es sincero para ti, tiene sentido. Y si tiene sentido para ti, es importante.

Hoy sigo escribiendo. Pero no para vender. Escribo para ayudar a tanta gente como pueda. Es importante para mí. Incluso los mensajes de texto se han convertido en algo importante: envío miles de mensajes de texto cada día, con la esperanza de darle una nueva mentalidad a alguien o al menos algún tipo de recordatorio diario. He construido amistades que son importantes. Encuentro sentido a mi actividad física. Lo utilizo para conectar con mi cuerpo. Mi moto tiene sentido. Me aporta calma y una sonrisa. Busco el sentido de todo lo que hago, y si no lo encuentro, no invierto mi tiempo en ello. Cualquier actividad tiene que importarme. Antes, las cosas no tenían que importar. Hacía cosas por aprobación, validación o dinero. Hoy, si no tiene sentido para mí, no me interesa. No volveré a vivir una vida insustancial.

La mayoría de las personas hacen cosas que no les importan realmente. Invierten en relaciones que no tienen mucha sustancia y hacen cosas porque sienten que deben hacerlas, no porque quieran. Entonces albergan ira y resentimiento, no sólo hacia los demás, sino hacia ellos mismos. Llevar esta ira contenida los resiente. Se vuelven malhumorados y poco felices. Llenar tu vida de un significado te permite estar menos enfadado y resentido. Cuando haces cosas que realmente te importan, que se alinean con tu verdad y tu historia, no sólo vives más cerca de tu potencial, sino que te vuelves más ligero, y más ligero se convierte en más feliz.

¿Lo que haces en tu vida tiene realmente sentido para ti? ¿Las relaciones en las que inviertes son realmente importantes?

Alegría

La idea errónea sobre la alegría es que simplemente sucede. Que cae en tu regazo. Que sólo tienes que cerrar los ojos y asimilarla. Que está en todas partes. Pues bien, la alegría está en todas partes, pero hay que buscarla. Hay que tener habilidades para encontrarla.

Antes no sentía mucha alegría en mi vida porque nunca llegaba por arte de magia. E incluso si lo hubiera hecho, no la habría sentido. No estaba abierto a ella. No me permitía sentir alegría a menos que ocurriera algo bueno. Con esta mentalidad, rara vez experimentaba la alegría, porque estaba supeditada a que ocurriera algo. Eso significaba que siempre estaba en la distancia. Lo que no entendía era que la alegría se produce. Y es cuestión de práctica.

Tienes que encontrar la alegría en lo que tienes hoy, no importa en qué momento de tu vida estés o por lo que estés pasando. No puedes posponerlo hasta que encuentres tu amor perfecto o consigas ese trabajo increíble o ganes la lotería. La mayoría de la gente cree eso, y por eso no encuentra la alegría. Encontrar la alegría es encontrar oro en arenas movedizas. Encontrar lo bueno en lo malo. Tienes que entrenar a tu cerebro para que deje de poner barreras imposibles para encontrar la alegría y la descubra en lo que tienes hoy.

Aquí es donde entran en juego el *mindfulness* y la gratitud. Para ser más consciente y estar más agradecido, empieza por entrenar a tu cerebro para que encuentre la alegría en las pequeñas cosas. Como la primera idea que surja. El primer sorbo del café de la mañana. Una brisa. Una conversación significativa. La sensación después de un duro entrenamiento. Ninguna de estas pequeñas alegrías depende de que ocurra algo grande primero. Puedes encontrarlas cada día practicando el arte de producir alegría. Yo lo llamo «buscar el néctar», y un tatuaje de un colibrí en mi bíceps izquierdo me recuerda que debo hacerlo.

Éste es el néctar que busco para producir alegría. Incorporo esta práctica a mi vida diaria sabiendo que estoy entrenando mi cerebro y preparando mi capacidad para experimentar más alegría en mi vida.

- La alegría de un momento de tranquilidad por la mañana, tomando un café recién hecho. No pensar en nada, sino simplemente estar presente y disfrutar del momento, utilizando todos mis sentidos. Despertarme lentamente.

- La alegría de ser creativo. Escribir, producir videos y *podcasts*, enviar mensajes de texto, lo que sea. Expresarme de forma sincera y que me haga sentir vivo.

- La alegría de las interacciones sociales. Asegurarme de que conecto con mis amigos, siendo mi auténtico «yo» al hacerlo. Expresar el amor y sentirme amado.

- La alegría de mi sudoración diaria. Moverme y conectarme con mi cuerpo, sentir la dopamina de esforzarme tanto mental como físicamente.

- La alegría de un paseo en moto. La adrenalina que producen el motor y las dos ruedas. La sensación del viento en la cara. La música de los ochenta.

- La alegría de las comidas. Disfrutar de la comida con intención. Probar diferentes comidas y restaurantes.

- La alegría del intercambio humano en las sesiones con los clientes. Escuchar y relacionarse con las historias. Conectar con otro ser humano y guiarlo. Permitirme emocionarme. Experimentar algún tipo de cambio después de cada sesión.

- La alegría de aprender sobre la superación personal y la condición humana a través de audiolibros y videos.

- La alegría de las nuevas revelaciones diarias, grandes o pequeñas, a través de la reflexión. Lo que viene cuando noto y soy testigo de mis pensamientos y sentimientos en lugar de estar enganchado y ahogado en ellos.

Estas prácticas diarias me producen alegría. Y las tengo. Son mías. No dependen de que ocurra algo más. Las tengo ahora, y me producen alegría. Sólo tengo que buscarlas. Cada día.

¿Cómo estás produciendo alegría en tu vida hoy?

Que no pase nada no significa que no haya nada malo

Trisha llegó a mí por su marido. Como ya he dicho, cuando alguien me envía a otra persona, rara vez funciona. Pero Trisha admitió que estaba deprimida y no sabía por qué. Tenía una empresa próspera, un marido atento y leal, buenos amigos y una práctica de yoga impresionante. No había ningún trauma ni oscuridad en su pasado. No necesitaba procesar nada como el abuso. Su matrimonio no se estaba desmoronando. Sus amistades no eran desequilibradas.

Como no había nada malo en su vida, sacarle algo en nuestras sesiones era tortuoso.

Después de varias sesiones, me di cuenta de que no se involucraba con su vida. Tenía una estructura sólida y era muy productiva. Pero no se conectaba. No tenía presencia y no hacía contacto visual. Trisha se limitaba a mirar al frente y a ir siempre hacia delante. No vivía su vida. En vez, la observaba.

Analizando más a fondo, descubrimos que no había ocurrido nada específico que la hiciera ser así. Su vida habían sido años y años de rutina segura que la condicionaba a funcionar en piloto automático. Así que le enseñé a practicar el *mindfulness*. A quedarse quieta y participar en el momento. Sin juicios ni intenciones. Simplemente ser. La práctica fue difícil para ella. Como la tortura china de la gota agua, de hecho. Para Trisha, todo lo que hacía tenía que tener un sentido. Una razón. Este requisito la mantenía en movimiento por fuera, pero por dentro se estaba muriendo. Aún así seguía intentándolo.

Y luego, cuanto más practicaba la conexión al estar totalmente presente y participar de verdad en momentos y actividades y con otras personas, más gente notaba cosas de ella que antes no había notado. Pequeñas cosas. Como su peculiar sentido del humor. Trisha era muy divertida. Pero lo más importante es que se daba cuenta de cosas sobre sí misma. Cosas grandes, cosas pequeñas, cosas buenas, cosas malas. Cosas que no había notado antes porque no se involucraba. Sólo había observado su vida. Y se limitaba a observar porque tenía miedo. Pero cuanto más se involucraba en la vida y se conectaba, más se descubría a sí misma. Y cuanto más se descubría a sí misma, más salía de su depresión. Que no pase nada no siempre significa que no haya nada malo.

Muchos de nosotros olvidamos que una vida rica y colorida no surge así nomás. Tenemos que involucrarnos en ella para que el color aparezca, y requiere esfuerzo e intención. No podemos vivir al margen y esperar que la vida sea brillante. Si lo hacemos, empezaremos a desvanecernos. Imagina la vida como un río que fluye continuamente. Estás de pie junto a él. Puedes quedarte ahí mirando tu reflejo. O puedes saltar y nadar. Si te quedas ahí parado, no estás viviendo tu vida. La estás observando. Tienes que elegir involucrarte, cada día.

Tal vez estés diciendo: *¡Pero si yo me involucro!* Te levantas, vas al trabajo, hablas con la gente. Sí, lo vas haciendo. Pero la conexión no consiste sólo en la actividad. Conectarse significa mostrarte en tu forma más auténtica cada día. Estar allí presente para todo. Tanto si estás en una aburrida reunión de trabajo como si haces el amor, conectarte significa estar totalmente presente en tu verdad. Y eso no ocurre de forma natural. Requiere un esfuerzo.

No funcionará si te conectas con la vida sólo cuando las cosas van bien. Debes conectarte incluso cuando las cosas van mal. Especialmente en ese momento. Mucha gente huye o se adormece cuando llegan las turbulencias de la vida. Conectarse significa permitirse sentir a través de los malos tiempos, sabiendo que no es para siempre. Si estás de duelo, involúcrate con ello. Si te sientes solo o estás atravesando una ruptura, involúcrate con ello. Si estás atravesando una gran transición en tu vida, involúcrate con ello. Involucrarte incluso cuando las cosas van mal no significa dejarse ahogar por ellas. Significa experimentar todas las estaciones de la vida.

¿Qué aspecto tiene la conexión? Llamar a los amigos y hacer un esfuerzo para salir con ellos. Ser vulnerable con tu pareja. Expresar finalmente lo que sientes. Incluso poner límites es involucrarse. Involucrarse puede significar saltar al océano helado. Hacer cosas fuera de tu zona de confort. Cambiar las cosas, como tomar un camino diferente a casa para ver algo nuevo. Involucrarse puede significar aceptar, perdonar, disculparse, asumir la responsabilidad.

Involucrarse puede significar bailar, aunque te dé vergüenza. Puede significar simplemente salir de tu puta casa. Porque no hacer nada no es involucrarse.

El asunto es que involucrarse es algo diferente para cada uno. Tienes que decidir lo que involucrarse, conectarse, significa para ti.

Mi primera experiencia con los hongos alucinógenos

No pudimos entrar en Joshua Tree. Estaba completamente lleno. Así que acabamos montando nuestras dos carpas individuales, a pesar de que éramos tres, en un desguace desierto a las afueras. Ésta iba a ser la primera vez que consumía hongos, y ya empezaba muy turbia la cosa. Nunca me drogué cuando era joven. Una vez estuve a punto de probar el ácido, pero la papelina se me cayó del dedo y la perdí en la hierba. De todos modos, cuando mis amigos se enteraron de que nunca había consumido hongos, me convencieron de que fuera con ellos a Joshua Tree para experimentar la «magia de la vida real». Tenía curiosidad. Así que fui.

Y allí estábamos, sentados en un extraño desguace en sillas de jardín en medio de la noche, contemplando un mar de neumáticos rasgados y árboles con ramas quebradas. Habíamos consumido los hongos un rato antes, pero no sentíamos nada. Yo estaba frustrado. No paraba de gritar: «¡No pasa nada! ¡No pasa nada! ¡Esto es una estupidez!». Y ellos me gritaban: «Cálmate, cabrón. ¡Relájate! ¡Relájate!». Odio cuando la gente me dice que me relaje. Yo era un niño muy nervioso y todo el mundo solía decirme que me relajara. Es una especie de desencadenante para mí. Pero decidí callarme, sentarme y esperar. Había oído que con los hongos las cosas se transforman en formas extrañas y que ves el mundo de una manera que nunca antes habías visto. Pero no sentí nada. El mundo seguía siendo el mismo. Entonces miré a Jeff. Llevaba un extraño sombrero de pescador. Le dije: «¿Por qué llevas un sombrero por la noche?», y justo cuando terminé la frase, estallé en carcajadas. La risa continuó sin parar durante las siguientes dos horas y media. Todos nos reímos sin parar. Me reí tanto que me empezó a doler el estómago. Quería parar, pero no podía. Estaba enfadado, pero me reía al mismo tiempo. Me alejé arrastrándome y sujetándome el estómago; literalmente, como si alguien me hubiera disparado. O me alejaba de ellos o no iba a poder parar de reír.

Al final, las risas se apagaron y nos quedamos sentados en la cuneta de Joshua Tree, escuchando música y viendo bailar a las estrellas. Probablemente fue el momento más presente que he tenido en mi vida. Sí, necesitamos las drogas para conseguir desconectar, pero esa noche tuve una revelación: me di cuenta del poder de no vivir en máquinas del tiempo.

Una de las cosas más comunes con las que luchan mis clientes es estar constantemente atrapados en sus pensamientos, ya sea pensando en el pasado u obsesionándose con el futuro. Yo lo llamo vivir en una máquina del tiempo. Es algo con lo que yo también lucho. Te voy a explicar cómo funciona y tú me dices si te sientes identificado.

Pienso sobre algo que sucedió en el pasado. Quizás reproduzco un momento significativo que tuve con una exnovia. Ese pensamiento produce un sentimiento. Ese sentimiento me hace echarla de menos. Y aquí salta todo. ¿He cometido un error al dejarla? ¿Deberíamos volver a estar juntos? ¿Debo llamarla? Me pregunto qué estará haciendo ella. ¿Estoy con la persona equivocada ahora?

En este momento, estoy oficialmente girando sobre mí mismo. He dejado el aquí y el ahora y estoy viviendo en el pasado. Además, nada de esto se basa en la verdad. Se basa en un pensamiento que produjo una sensación. Puedo ir más allá y contactarme con mi ex, pero me arrepentiré rápidamente de haberlo hecho cuando recuerde todos los motivos por los que la relación terminó. O tal vez no me ponga en contacto con ella. Tal vez siga rumiando los pensamientos y sentimientos. Esto me mantiene dentro de mi cabeza y me hace no estar presente en mi relación actual. El distanciamiento y la deriva se extienden a nuestra intimidad. Todo porque me he dejado llevar por mis pensamientos.

¿Te resulta familiar? Pues es un sencillo ejemplo de muchos. Imagina todos los pensamientos que tenemos en un día y cuántos de ellos nos sacan del aquí y ahora y nos ponen en una máquina del tiempo. Pensamientos no sólo sobre nuestras relaciones pasadas, sino también sobre nuestro trabajo, amistades, el drama en nuestra familia. Piensa en todas las cosas que te obsesionan y que aún no han ocurrido. ¿Y si no consigues la venta? ¿O no consigues el aumento de sueldo? ¿Y si no superas el examen? ¿Y si nunca encuentras a «la persona»? Estos pensamientos producen sentimientos de ansiedad. De repente, nos ahogamos en los «y si» en lugar de vivir en *lo que es*. Hemos abandonado nuestra vida porque nos hemos dejado llevar por nuestra cabeza.

Las máquinas del tiempo son las que más nos paralizan cuando estamos solteros. Vivimos en ellas. Más que cuando estamos en una relación, nos detenemos en nuestro pasado y nos obsesionamos con nuestro futuro. Porque cuando amamos a alguien, no pensamos en nosotros mismos. Pensamos en nuestra pareja o en la relación. Pensamos en lo que nuestra pareja quiere y en cómo podemos dárselo. Cómo podemos ser mejores. Para otra persona. Pensamos en nuestra relación y en cómo podemos fortalecerla. Pensamos en dónde ir a cenar, qué películas ver, a quién invitaremos a la noche de juegos.

Pero cuando estamos solteros, nos quedamos a solas con nosotros mismos. Éste puede ser un lugar incómodo en el que no nos gusta estar, al que no estamos acostumbrados. Así que buscamos a otra persona para poder formar parte de algo más. Nos agarramos del borde de la piscina para no tener que nadar. Para no tener que enfrentarnos a nosotros mismos. Si no encontramos a alguien a quien aferrarnos, nos aferramos a lo que fue y a lo que será. Como un imán invertido, no podemos estar presentes en el aquí y el ahora porque ahí es donde viven todas nuestras inseguridades. Así que vivimos en máquinas del tiempo sin darnos cuenta de que vivir en el pasado y en el futuro no crea más que ansiedad.

Cómo dejar de vivir en una máquina del tiempo

PASO 1

Observa con qué frecuencia reproduces el pasado o imaginas el futuro. Sé consciente de lo que sientes en tu cuerpo cuando lo haces. ¿Qué sentimientos te produce la reproducción de esta película? ¿Y adónde te llevan esos sentimientos? ¿Te sientes fortalecido? ¿O desanimado y sin esperanza? ¿Reproduces todos los «y si» y te preguntas cómo habría sido la vida si las cosas hubieran sucedido de otra manera? ¿O qué podría pasar, pero aún no ha pasado, y qué pasaría si nunca pasara? ¿Cómo te hace sentir el saber que no puedes cambiar el pasado ni conocer el futuro? Lo más probable es que no sea bueno. Ahora, ¿culpas y juzgas a los demás o a ti mismo por que las cosas sean así? ¿Lo interiorizas? ¿Te culpas a ti mismo por tomar las decisiones que tomaste en el pasado? ¿Sientes inferioridad porque no tienes un futuro claro?

Si es así, te has perdido. Además, ahora estás viajando oficialmente a la velocidad de la luz. Tienes que volver antes de que empieces a adoptar comportamientos poco saludables para sobrellevar la situación. Antes de recurrir a tus vicios para sentirte mejor. Antes de castigarte a ti mismo. Antes de que permitas que el pasado o el futuro, o, más precisamente, tu juicio sobre ti mismo, afecte a tu presente. Donde realmente vive la verdad.

Sigue este hilo. Un pensamiento lleva a un sentimiento,

que lleva a la interiorización, que lleva a ciertos comportamientos. ¿Ves a dónde te lleva ese primer pensamiento? ¿Te gusta a dónde te lleva? ¿Es saludable y positivo? ¿O es poco saludable y te produce ansiedad y pánico?

PASO 2

Rompe el patrón. No permitas que tus pensamientos te absorban. Míralos. Obsérvelos. Pero, aunque los vigiles, crea distancia para que no puedan atraparte. Tus pensamientos no son tú. Son sólo pensamientos, producidos por el juicio y la distorsión. Por eso debes crear distancia con ellos. Imagina tus pensamientos en un globo de nieve. Obsérvalos allí. No te adueñes de ellos. Permítete sentir tus sentimientos, pero ten en cuenta que son sólo eso: sentimientos. No son hechos ni verdades. Los sentimientos fluirán a través de ti. Y luego pasarán.

PASO 3

Crea nuevos pensamientos y sentimientos. Piensa en cosas que te hagan sentir esperanzado. Que hacen que el mundo sea amplio en lugar de estrecho y oscuro. Piensa en lo que has aprendido del pasado en lugar de las formas en que quieres cambiarlo. Añade nuevos pensamientos a tu cinta transportadora mental. Elige en qué quieres pensar. Mantén tus pensamientos positivos y tus sentimientos serán positivos. En lugar de pensamientos que te lleven a la ansiedad y el pánico, ten pensamientos que te produzcan sentimientos de gratitud y alegría. Pon una película diferente.

PASO 4

Sigue los pasos 1 a 3 y luego repítelos una y otra vez. Para siempre.

El paso 4 es el más importante. La gente cree que si practica estos pasos durante un fin de semana puede destruir su máquina del tiempo. Piensa en lo que estás tratando de hacer aquí. Estás tratando de deshacer años y años de configuraciones y patrones de pensamiento profundamente arraigados. Así que va a llevar tiempo volver a configurarte. Va a requerir una práctica diaria. Al igual que cambiar un cuerpo. La meditación puede ayudar enormemente. La meditación creará esa distancia que necesitas. Establecerá un tope de velocidad para que no saltes del pensamiento al sentimiento y de ahí a una reacción demasiado rápida. Respira. Observa. No juzgues. Crea distancia. Permite.

Después de pasar un día practicando esto, pregúntate: ¿Cómo se sintió? ¿Te sentiste diferente en tu día gracias a ello? Si es así, ¿cómo? ¿Pudiste estar más presente? ¿Tuviste menos ansiedad?

Ahora trata de que haya más días seguidos como éste.

Rompe con tus esquemas

Seamos o no conscientes de ello, los esquemas estampados en nuestras cabezas son de lo que tiramos. Nuestras vidas siguen los trazos de estos esquemas. Por ejemplo, digamos que tu definición o esquema de una vida feliz es una valla blanca, dos hijos y dos BMW a juego. Pero tienes treinta y tantos años y no estás casada, no tienes hijos y conduces un Honda. Lo más probable es que no seas feliz, porque tu vida no coincide con el esquema que tienes en la cabeza. Cuanto mayor sea el contraste entre tu patrón y tu vida real, más ansioso e infeliz serás. Ahora tienes dos opciones.

La primera opción es ir a por todas y tratar de cumplir con ese patrón: encontrar un hombre, tener hijos, comprar una casa. Esta opción probablemente requerirá hacer concesiones a la hora de decidir a quien elijas amar. Negociarás tus necesidades y lo que te mereces porque tu reloj biológico corre. Es probable que esta relación termine no siendo sana, que sea tóxica, pero tienes hijos con él y eso es lo que cuenta, porque los niños forman parte de tu esquema. En un nivel más profundo, es posible que tengas hijos para distraerte de los problemas de tu matrimonio. Lo cual es una mierda: estás criando a tus hijos tú sola porque el distanciamiento ha provocado que tanto tú como tu pareja se desconecten emocional y físicamente. Al final, te habrás hartado y te divorciarás. Te sentirás un completo fracaso. Ahora tienes cuarenta y tantos años y tienes que empezar la vida de nuevo.

La otra opción es romper con el patrón.

Nuestras definiciones crean nuestros patrones. Nuestra definición de felicidad, amor, salud, éxito, de todo. Muchos de nosotros vivimos con definiciones que nos dieron nuestros padres, amigos, la sociedad, la publicidad y las viejas versiones de nosotros mismos que ya no representan lo que somos. Al seguir estas definiciones, empezamos a vivir vidas falsas. O vivimos la vida de otra persona. En última instancia, cualquiera de las dos respuestas provoca desconexión e infelicidad.

Estos son algunos de los esquemas más comunes que intentamos trazar:

Casarse y tener hijos antes de cumplir los treinta años

Obtener un título universitario para conseguir un trabajo con un sueldo de seis cifras y grandes beneficios

Comprar una casa (lo que significa que lo hemos conseguido)

Tener nuestro propio negocio (porque trabajar por cuenta ajena significa que no tenemos éxito)

Éstas son algunas de las definiciones más comunes que tenemos:

El divorcio significa que hemos fracasado o que somos defectuosos. No tener hijos significa que algo está mal en nosotros.

Si estamos solteros, algo anda mal con nosotros.

Sin una educación universitaria, nunca tendremos éxito.

Amar significa darlo todo. La vulnerabilidad es una debilidad.

Éste es el esquema que solía intentar trazar cuando era un cabrón amargado. Era mi definición de éxito.

Una hermosa esposa

Una casa en las colinas de Hollywood

Un contrato de tres películas como guionista, con una oficina en un estudio de cine

El combo Porsche-Range Rover en la entrada a la casa

Este esquema era la visión que tenía marcada entre ceja y ceja. Era con lo que comparaba mi vida diariamente. Todo giraba en torno a la adquisición de estas cosas. Y como no las tenía, no me permitía ser feliz. No hay nada malo en querer una casa en las colinas, un contrato con un estudio como guionista y buenos autos. Pero este proyecto era muy bidimensional, y sólo indicaba las cosas que había que perseguir. En ninguna parte de este plan se abordaba la necesidad de desarrollar un sentido de mí mismo. Este proyecto no me ayudó a saber quién era yo. Todo lo que sabía era que quería tener «éxito». Aunque, por supuesto, mi definición de éxito también era bidimensional.

Éste es mi esquema actual.

Todavía quiero una casa en las colinas. Sigo queriendo autos bonitos y unas cuantas motos. Pero ésas son cosas que se producen al vivir una vida con sentido. Corriendo hacia tu verdadero norte. También quiero ayudar a la gente. Quiero fomentar el diálogo. Quiero escribir libros. Quiero ser una buena persona. No quiero sólo tener cosas materiales. Quiero hacer cosas que tengan sentido. Quiero gustarme a mí mismo. Quiero vivir una vida sincera y sentir que dejo una huella en este mundo. Quiero ser un estudiante de la vida y seguir aprendiendo. Quiero amar y crecer como ser espiritual. Quiero ser padre.

Con este esquema no me limito a perseguir cosas. En su lugar, estoy mirando hacia adentro con el deseo de crecer y ser mejor para poder compartir mi historia y ayudar a otros. Las cosas detalladas en este esquema son sólo subproductos de eso. Este esquema es sobre el crecimiento y las nuevas revelaciones. No se trata de casas, autos y una esposa atractiva. Seguir este esquema es más probable que me ponga en un estado de atracción porque estoy viviendo de adentro hacia afuera en lugar de afuera hacia adentro. Y puesto que nuestros dones viven en lo que somos, cuando trabajamos activamente en lo que somos en lugar de ir sólo detrás de lo que queremos, las posibilidades de que ocurran grandes cosas crecen exponencialmente. Empezamos a atraer en lugar de sólo perseguir. Un estado está lleno de poder. El otro nos hace impotentes.

PONTE MANOS A LA OBRA

Pregúntate si tu esquema es sincero contigo mismo o si estás calcando algo antiguo o que pertenece a otra persona.

Crea nuevas definiciones. Es hora de redefinirlo todo, de maneras que sean sinceras para ti hoy. Teniendo en cuenta dónde te encuentras y todo lo que has aprendido sobre la vida, el amor y sobre ti mismo hasta ahora.

¿Qué es el amor para ti?

¿Qué es el éxito para ti?

¿Cómo defines las citas?

¿Qué aspecto tiene la buena forma física?

¿Qué significa el autocuidado?

¿Cómo es la espiritualidad?

¿Cómo es la soltería?

Vuelve a valorarte

Si tuviera que elegir una sola cosa de mi viaje sin pareja —que no sólo cambió mi comportamiento y energía (y en última instancia mi vida), sino que también me recolocó en el mundo y me ayudó a ser más feliz y a sentirme más completo y humano— fue conseguir creer que valgo. No de una manera egoísta. No en el sentido de «soy mejor que los demás», sino en el de «no soy perfecto, pero me gusto lo suficiente como para invertir en mí». Por fin creo que aporto valor a las relaciones y que tengo algo que ofrecer al mundo. Antes de empezar a hacer todo lo que recomiendo en este libro para conectar y construir una relación conmigo mismo, no creía ningún tipo de valor. Mi valor provenía de lo que lograba y lo que no valía de lo que no lograba. Venía de quien elegía amarme. Esta creencia me hacía sentirme impotente y, por supuesto, menos valioso.

La mayoría de mis clientes se encuentran en esta situación cuando vienen a verme por primera vez. No creen que valen nada. Por eso desean desesperadamente estar con alguien, para demostrar que valen. Por eso se conforman con poco y toleran relaciones tóxicas. Por eso se quedan en trabajos de mierda que no les permiten prosperar. Por eso sus amistades son desequilibradas y sus matrimonios están rotos o son tibios en el mejor de los casos. Por eso no comprometen de verdad con la vida. En cambio, viven con miedo y permiten que el mundo y los demás pinten su vida con pinceles y colores que no son fieles a ellos. El resultado es una pintura abstracta y borrosa de su vida de la que no están orgullosos. Su vida se ha convertido en una obra de arte barata que se avergüenzan de colgar, en lugar de en una obra de arte que quedará para que otros aprecien y disfruten.

Todo termina y comienza con lo que crees de ti mismo. Lo que crees determinará a dónde irás. Y en quién te convertirás.

Pero aquí está el asunto. Creer que vales no es sólo un anuncio o una decisión. Puede empezar por ahí. Pero creer realmente que vales requiere años de reconstrucción de tu relación contigo mismo. Estás reconstruyendo pensamientos y creencias profundamente arraigados que pueden haberse formado por traumas, relaciones abusivas y una infancia difícil. Antes de que pudieras conducir, estas huellas se formaron por circunstancias sobre las que no tenías ningún control y por personas que tiraban de reacciones ligadas a su propia valía, o a la falta de ella. Todos hemos estado en situaciones o relaciones que nos han hecho cuestionar nuestra valía. Todos hemos sido puestos a prueba, tratados injustamente, acosados, nos han mentido, hemos sido engañados, dejados de lado, y nos han hecho *gaslighting* (luz de gas). Añade a eso los matrimonios fallidos, los negocios que se hunden, las amistades que terminan abruptamente, los miembros de la familia que nos repudian... son cosas que le pasan a todo el mundo. Vinculamos todo eso a nuestra valía, dejando que los acontecimientos externos de nuestras vidas determinen nuestras creencias internas sobre nosotros mismos.

Puede que seas uno de los muchos que no se ha librado de esa dinámica, pero puedes sanar. Puedes reconstruirte. Puedes llegar a un lugar donde empieces a creer que vales algo. Y tienes que hacerlo. Porque si no lo haces, nunca te darás nuevas experiencias que cambien tus viejas creencias. Nunca construirás espacios saludables para ti que promuevan el crecimiento. Nunca tomarás mejores decisiones porque seguirás diciendo «no» cuando necesitas decir «sí». En lugar de eso, seguirás con lo mismo por defecto y permitirás que lo que fue bloquee lo que podrías ser.

El universo se mueve cuando crees que vales.

Así que en lugar de permitir que tu pasado te ahogue y quedarte atascado en patrones de pensamiento negativos que diluyen tu ser, despojan tu alma y aplastan tus sueños, es hora de revalorizarte y generar energía que perfore el espacio y atrape las estrellas.

¿Cómo puedes hacerlo? ¿Cómo empiezas a creer que vales más?

Empieza por aquí: La valía no es algo en lo que crees.

La valía es algo que construyes. Vuelve a leer esa frase. La mayoría de la gente cree que puede arremeter y llegar a valer. Pero no es así. Es un proceso. Mejor dicho, un espacio.

PONTE MANOS A LA OBRA

Puedes fantasear y soñar con quién quieres ser y cómo quieres sentirte, pero hasta que no te des una nueva experiencia, lo más probable es que tus creencias sobre ti mismo no cambien. Sin embargo, no hay nada más convincente que una nueva experiencia.

Nuevas experiencias → Cambios en las creencias → Nuevas definiciones → Más experiencias nuevas

¿Qué nueva experiencia tienes que darte para que tus creencias sobre ti mismo se muevan y cambien al crear nuevas definiciones? Una vez que tengas nuevas definiciones, crearás nuevas experiencias basadas en esas definiciones, que te darán nuevas experiencias que cambiarán más creencias. Éste es el patrón que empezará a reconfigurarte.

¿Necesitas experimentar la sensación de soltería durante un tiempo para saber que puedes estar soltero?

¿Necesitas regalarte una experiencia amorosa sana para saber lo que se siente?

¿Necesitas encontrar un entrenamiento que realmente disfrutes para poder darte la experiencia de que realmente te guste el ejercicio?

¿Necesitas regalarte la experiencia de hacer un trabajo que te apasione para no tener que temer más al trabajo?

¿Qué experiencias necesitas regalarte?

Este proceso puede parecer abrumador. Pero piensa que es un maratón, no una carrera de cien metros. Y es un maratón que nunca termina. Es una mentalidad y una forma de vivir. Seguirás buscando nuevas experiencias que cambien tus creencias y construyan tu valor. Porque te seguirás dando de frente con la vida. Pasarán cosas que te dejarán de rodillas. Alguien te romperá el corazón. Otra vez. Siempre te pondrán a prueba y te cuestionarán. Pero si dejas de pedalear la bicicleta (regalándote nuevas experiencias), dejarás de moverte (de crecer y construir valor).

Empieza con una nueva experiencia. No tiene por qué cambiar la vida. Puede ser algo pequeño. Como mantener una conversación sin juzgar. Como levantar la mano en la sala de juntas y decir tu verdad. Como esforzarte en un nuevo entrenamiento más de lo que te has esforzado antes. Como tomar una decisión desde la pasión en lugar de la lógica.

Haz todo lo que puedas para darte esa experiencia antes de pasar a más y más experiencias nuevas. Al regalarte nuevas experiencias, estás construyendo tu valía.

Vive en una frecuencia más alta

Estoy seguro de que ya has oído hablar alguna vez de vivir en una frecuencia más alta, pero como la mayoría de la gente, probablemente no has hecho un esfuerzo consciente para elevar la frecuencia en la que vives y permanecer allí. Las frecuencias más altas incluyen el amor, la gratitud, el optimismo, la alegría, la aceptación, el valor, la vulnerabilidad, básicamente cualquier estado que te saque del pánico y la negatividad. Cualquier estado que te llene de esperanza y optimismo. Cualquier estado que te expanda en lugar de constreñirte. Esto no es algo mental. Es un asunto de mente–cuerpo–energía. Cuanto más alta sea la frecuencia en la que vives, más ligero te sentirás física, emocional y mentalmente. Pero el reto no es llegar a ese estado. Todos podemos sentir amor y optimismo a veces. Lo difícil es mantenerse ahí.

Entonces, ¿qué tiene que ver vivir en una frecuencia más alta con lo que vales?

Pasé la mayor parte de mi veintena y treintena en una frecuencia baja. Sobre todo en estados de baja frecuencia de preocupación y temor. Preocupado por el mañana. Temiendo el día de hoy. Día tras día. Preocupación y temor. Temor y preocupación. Era casi imposible creer que valía algo porque este estado impedía darme nuevas experiencias que cambiaran mis creencias sobre mí mismo, sobre lo que era posible, e inyectaran algo de esperanza en mi vida. En cambio, el estado de preocupación y temor me mantenía atascado y nadando en mi propia mierda.

No me decidí a trazar una línea dura hasta que muchas relaciones caducaron y me encontré sin sentirme ni feliz ni vivo. Me di cuenta de que mi baja frecuencia —mi estado negativo— no sólo me afectaba a mí, sino también a los demás. Estaba tomando rehenes. Era hora de cambiar. Así que empecé a prestar atención a los momentos en los que mi pensamiento defectuoso, mi actitud defectuosa o mi perspectiva defectuosa me hacían caer en una frecuencia más baja, y empecé a hacer todo lo posible para salir de ella.

No había ningún manual. Tal vez, como tú, sólo contaba con videos inspiradores de YouTube y memes sobre la gratitud en mis redes sociales. Sí, tenía un título de terapeuta, pero eso no facilitó nada. Porque la cuestión es que no puedes forzarte a ir a una frecuencia más alta. No ocurre sólo porque hayas tomado una decisión y no quieras seguir viviendo en una frecuencia baja.

Estaba harto de poner excusas. Así que dejé de hacerlo. Me prometí a mí mismo que sería consciente de cuándo caía en una frecuencia baja y que haría todo lo posible para salir de ella.

Esto es lo que hice:

PASO 1

Cuando sentía que me sumergía en una frecuencia más baja, hacía dos cosas:

1. Creaba distancia con los pensamientos que me hacían sentir así. Lo hacía a través de la meditación, un paseo o un viaje en moto. Tal vez tomando un café con un amigo. A veces con un baño de hielo. Hacía lo que fuera que me ayudara ese día a liberarme de los pensamientos que estaban a punto de ahogarme.

2. Utilizar mi cuerpo era a menudo la forma más rápida de elevar mi frecuencia. Me dejaba caer en mi cuerpo haciendo algo físico para que mi cuerpo se sintiera ligero de nuevo. Como hacer ejercicio o salir a correr.

Muchos de nosotros no podemos dejar el trabajo e ir a hacer algo activo. Pero todos podemos dar un paseo rápido. Aunque sea durante cinco minutos. Cuando salía a caminar, escuchaba algo: un *podcast* o una canción, y a veces una grabación de audio que había hecho para recordarme a mí mismo que era un adicto, que caer en la negatividad era mi droga, y que estaba a punto de consumirla, así que debía parar. Para mí, la consecuencia de caer en esta frecuencia más baja era perder la vida que quería. Tenía que crear ese tipo de urgencia para mí mismo. Tenía que decirme que mi vida estaba en juego, porque la verdad es que lo estaba.

PASO 2

Exploré y me pregunté de dónde venía este patrón de pesimismo. Me di cuenta de que había empezado a una edad temprana. La preocupación provenía de mi padre, que también luchaba con el hecho de estar en este estado de baja frecuencia. Sí, a veces era divertido y sociable. Pero, sobre todo, hacía recaer en sus hijos sus preocupaciones adultas sobre el dinero, las facturas, el trabajo y las deudas. Una razón por la que hizo esto puede haber sido cultural: los coreanos ven a la familia como una unidad. Mi hermano y yo nos vimos muy afectados. La carga de las preocupaciones de papá hizo que mi hermano creciera muy rápido. A los trece años se convirtió en un adulto, en el responsable. Yo intentaba escapar del estrés saliendo a jugar con mis amigos. Pero tenía que volver a casa en algún momento, y cuando lo hacía, lo sentía. Lo absorbía.

Una vez que descubras el origen de tu tendencia a caer en un estado de baja frecuencia, podrás crear distancia y compasión. Si no lo descubres, te enfadarás contigo mismo por estar en ese estado. Interiorizarás ese enfado y te aporrearás con él, todo lo contrario a la construcción de la autoestima. La ira interiorizada contra ti mismo destruye la autoestima.

Esta pieza es tan importante como la línea dura que dibujaste. Hay poder y sanación en la comprensión de lo que te ha hecho ser como eres. Neutraliza y construye un puente que hace que tu cambio hacia una vida en frecuencias más altas sea más una evolución que una cuestión de fuerza de voluntad.

Es el momento de volver a creer

¿Por qué es el momento de volver a creer? Porque en algún momento lo hiciste. Todos lo hicimos. Antes del drama. El caos. Los patrones. Las parejas. La caída. Antes del abandono, del *ghosting*, de la desconexión. Antes de los imprevistos. Antes del despido, de las falsas creencias, de la muerte interna. Antes del matrimonio, los bebés, la ruptura y la oficina con vistas.

Antes, cuando creías, el mundo era grande. El día era amplio. Todo era posible. No como hoy, cuando el día parece estrecho y asfixiante. Es el momento. De creer. En el amor. En el sudor. En construir algo. En empezar otra vez. Porque otra vez no significa nuevamente. Otra vez significa «nuevo». Pero no puedes llegar a lo nuevo hasta que creas. Otra vez.

Lo que creas determinará si realmente vives o sólo existes. Es hora de creer, porque todo empieza o termina ahí.

Últimas reflexiones:
Todos. Los. Días.

Para terminar, sólo quiero compartir con ustedes un recordatorio. Un mantra. Está en un imán en mi nevera (un imán bien grande). Lo escribí cuando estaba sin pareja. Me ha ayudado en mi recorrido de soltería y sigue ayudándome hasta el día de hoy.

Espero que a ti también te ayude.

Todos. Los. Días.

Eres valioso. Empieza tu día como si fuera el último. Busca el néctar. Estira tus espacios luminosos. Destruye tu fachada. Practica la transparencia. Ama con fuerza. Sueña a lo grande. Suda a diario. No te resistas a nada. Abraza tu historia. Es la única que tienes. No alimentes la negatividad. No te relaciones con personas negativas. No vivas en el pasado. Cágate en tu identidad. Aplasta tus falsas creencias. Demuéstrate que estabas equivocado. Corre hacia tus miedos en lugar de alejarte de ellos. Lanza tu piedra tan fuerte como puedas, sabiendo que enviará ondas. Sé un prisma, no una piedra. Bebe agua. Haz preguntas. Prográmate para dar. No chismorrees. No busques aprobación o validación. Sal de tu cabeza. Es el lugar más peligroso. No reacciones. Responde. Come bien, no mucho. Haz cosas solo. Entiende antes de hablar. Quema tus naves. Muévete hacia adelante. Perdona. Conoce a alguien. Y vete a la cama agradecido.

El *mixtape* de *Sin pareja a propósito*

or lo general, hacemos *mixtapes,* o compilados de canciones, para nuestra pareja. ¿Por qué no podemos hacer uno para nosotros mismos? A continuación, les dejo algunas canciones que escuché en muchas de las etapas de mi camino sin pareja, cuando caminaba solo por las calles de Koreatown. Cuando iba en mi moto pasando por los cañones o haciendo *burpees* en el gimnasio. Espero que te animes a hacer tu propio *mixtape.* Mientras das largos paseos de noche, haces ejercicio, te comes unos panqueques en cualquier restaurante a medianoche, bailas en la cocina mientras aprendes a cocinar, haces viajes solo, consumes hongos... dondequiera que te lleve tu recorrido sin pareja.

«This Must Be the Place», Talking Heads

No importa el estado de ánimo en el que me encuentre, esta canción siempre me anima. Simplemente me pone feliz. Quizá porque los ochenta fueron mis años maravillosos. Me gusta ir allí a menudo. «Pies en el suelo. La cabeza en el cielo. Está bien, sé que no pasa nada». Hay una inocencia en esta canción, una simplicidad. Mi línea favorita es «Veo luz en tus ojos». Me recuerda lo que debo buscar en las personas.

«Anything Anything», Dramarama

Ésta es mi canción para «bailar *rock* en ropa interior en mi habitación». Nada me hace volver a sentirme un adolescente de dieciséis años que eso; en el buen sentido, claro. Una edad en la que aún no sabes lo que son las consecuencias. Cuando el amor es un sentimiento mágico por el que incluso morirías. Antes de tener que tragarte reuniones de trabajo interminables. Antes ir a terapia. Antes de mi renacimiento. Me gusta escuchar esta canción mientras conduzco a toda velocidad en dos o cuatro ruedas. Si es sobre cuarto, no puede haber techo.

«California Stars», Wilco

Mi canción principal en mi recorrido en moto de *cross* de Sequoia a Yosemite. Doce personas, ochenta millas al día, fogatas, bosques, rocas, tierra, polvo, adrenalina y estrellas. Me recuerda que debo seguir viviendo aventuras, apreciar la naturaleza y practicar el *mindfulness*.

«Float On», Modest Mouse

Un recordatorio de que «todos saldremos a flote». Me invade una sensación de calma. Me permite soltar el tronco y dejar que el río de la vida me lleve. De espaldas. Con los ojos bañados de luz. Con una sonrisa en mi cara. Esto también pasará. El cielo no se caerá. Todo irá bien.

«Seven Wonders», Fleetwood Mac

Esta canción me hace llorar. Es jodidamente mágica y me hace creer en algo más grande. En vidas pasadas. Las estrellas. El universo. Hay algo más que lo que puedo ver o lo que creo que sé. La escucho a menudo en los viajes largos en mi Harley mientras conecto los puntos de mi historia. Mientras miro la vida a través de una lente más amplia. No he visto ninguna de las siete maravillas. Algún día lo haré.

«Golden Lights», STRFKR

El ritmo de esta canción es lo que me conmovió. Ni siquiera escuché la letra. Estructura. Construcción. Sudar. Comer mejor. Paciencia. Confianza. Seguir adelante. El poder del momento. Y el trabajo diario de construir un mejor «tú». A veces no necesitas palabras para moverte.

«Overkill», Men at Work

Ktown. Luchando con la soledad. En medio de mi túnel oscuro. Con insomnio. Pero aún en pie. Sabiendo que todo irá bien. Pensando en todo lo que he pasado y lo lejos que he llegado. Diciéndole al dolor que vuelva otro día.

«Running to Stand Still», U2

Como hice aquel día en la playa.

«The Background», Third Eye Blind

El sonido que llevamos con nosotros cuando la relación se ha ido. Como una nota que sabemos que debemos quemar algún día. Me recuerda a la secundaria y al amor joven. Pero no en el mal sentido.

«Miss You», Ringside

Porque está bien echar de menos a alguien, aunque sepas que no puedes hacer nada para no huir.

«You Make My Dreams», Hall & Oates

No puedo dejar de hacer el baile de Carlton cada vez que escucho esta canción. Me hizo sonreír en los días difíciles, los días que no quería sentirme pesado.

«Disconnected», Face to Face

Una de mis favoritas de la secundaria. Hacía que no saber lo que querías estuviera bien. Y lo seguía haciendo a mis treinta años, cuando hacía sonar esta melodía en mi descapotable biplaza por los cañones, luciendo mi uniforme sin ánimo de lucro con un DSM-IV (Manual diagnóstico y estadístico de trastornos mentales) en mi maletero y preguntándome quién sería dentro de cinco años.

«Get Hurt», The Gaslight Anthem

Esta canción me ayudó a meterme en el dolor. Sin sufrir. Sólo para sentirlo. Meterse en el dolor. Hasta que se convirtió en una historia. Una que podía aceptar y dejar ir al final.

Puse esta canción a todo volumen mientras llevaba el brazo por fuera de la ventanilla en la autopista de la costa del Pacífico, sintiendo el sol de California en la cara y diciéndome «Quizá necesitabas un cambio. Tal vez yo estaba en medio».

«There Is a Light That Never Goes Out», The Smiths

Otra canción de mi época de la secundaria que desenterré y volví a escuchar mucho. Me recuerda a la imprudencia controlada. A la sensación de que vamos a vivir para siempre. De que la tragedia no es algo tan malo. «Llévame donde sea. No me importa dónde. No me importa. No me importa».

«Holiday in Spain», Counting Crows

Mi canción para fantasear. Me imaginé subiendo a un avión y dejando atrás el pasado. Dejando atrás todas mis preocupaciones. Volando a un lugar nuevo para encontrarme con una chica guapa esperándome en México. A un lugar donde nadie me conociera. Donde pudiera redescubrirme a mí mismo. Solía ponerme esta canción mientras iba en moto por Los Ángeles y daba rienda suelta a esa fantasía.

«Sweetest Kill», Broken Social Science

Esta canción me recordaba a la dinámica del depredador y la presa. Me hacía considerar —mientras pasaba por mi renacimiento y autoevaluación, tirando de los hilos de mi propia historia— si yo era un depredador. La atracción instintiva, pero en versión moderna. ¿Cuántas de las mujeres a las que amé eran presas? Me di cuenta del poder de la atracción primitiva. ¿Cuánto de nuestra disfunción venía de la manera en que estábamos configurados? ¿Lo sabían ellas?

«Never Tear Us Apart» (en vivo), The Horrible Crows

Esta canción me recordó cómo solía creer en el para siempre. Una aguja en un pajar. La certeza. Las miradas que se cruzan desde el otro lado de la habitación. El «yo estaba aquí y tú estabas allí». Una colisión que crea un cambio secundario y huellas profundas con las que comparamos todas nuestras otras experiencias amorosas. La primera experiencia amorosa que acaba convirtiendo el amor en una estufa caliente. Esta canción me recordó lo que yo creía que era un amor sano.

«Suffer Well», Depeche Mode

Cuando puse esta canción sentí que el sufrimiento no era algo malo. Porque el dolor puede ser suelo. Y eso es lo que te hace aguantar. Lo que te hace creer. Ponía esta canción a menudo durante mis largos paseos nocturnos. Hacía que el dolor estuviera bien. Me hizo creer que todo era parte de la vida. El proceso. Mi evolución. Me hacía sufrir bien.

«Ain't Nobody», Chaka Khan

Solía bailar esta canción en los años ochenta, así que escucharla treinta años después me hizo revivir mi juventud. Estaba aprendiendo a bailar de nuevo, pero esta vez en una

barra de dominadas. La construcción, el crecimiento, ganar-
se el sudor. El recordatorio de que nadie te querrá nunca
mejor que tú mismo. El recuerdo de hacer giros de cabeza y
perseguir estados de fluidez cuando la vida era sencilla y el
amor era sólo una idea.

Recursos

Puedes encontrar la lista de reproducción completa en mi
Instagram. Sólo tienes que cliquear en el enlace de mi bio-
grafía: @theangrytherapist.

También envío mensajes de texto a diario. Puedes des-
pertarte con un recordatorio, una nueva perspectiva o una
mentalidad renovada para ayudarte con tu día. Al final de
cada semana, te enviaré un enlace privado a un documento
de Google sobre un nuevo tema que te llevará a profundizar en el tema de esa semana. Recibe mensajes diarios en
theangrytherapist.com.

Nos vemos en tu teléfono.

Agradecimientos

Gracias a Laura Yorke (mi agente literaria) por ser una persona auténtica conmigo y no sólo una agente. Por creer en mí y tratarme como si fuera de la familia. Por guiarme, enseñarme los trucos del negocio y prepararme espaguetis en Nueva York. Gracias por contribuir a que volviera a enamorarme de la escritura.

Gracias a Hilary Swanson (mi editora) por apostar por mí otra vez. Por su amor por los libros y su forma de luchar para que nuestras voces se escuchen. Por acudir a mis firmas. Por ser la editora más fácil para trabajar del mundo. Sin ti, mis libros serían imposibles de leer. Me haces ser mejor escritor. Gracias por tu gusto, tu tacto y tu confianza.

Gracias a todos los miembros del *dream team* de Harper-One por hacer esto posible. Por su apoyo y confianza en mí. Por su permiso para ir al límite y decir mi verdad. Gracias a Aidan Mahony, por tus ojos y tu nueva perspectiva.

Gracias a Vanessa (mi novia), por ser una compañera tan comprensiva y cariñosa. Por leer mis horribles borradores. Por creer en mí. Por compartir tu viaje de soltería conmigo y tener en cuenta el mío también. Sin juzgarme. Por elegir amarme cada día, incluso cuando es difícil. Por ser tú. Y, por supuesto, por haber traído a nuestro bebé al mundo. Espero que algún día lea este libro y la ayude a conectar consigo misma. Gracias por sostener mi ayer, bailar con mi hoy y ayudarnos a construir nuestro mañana.